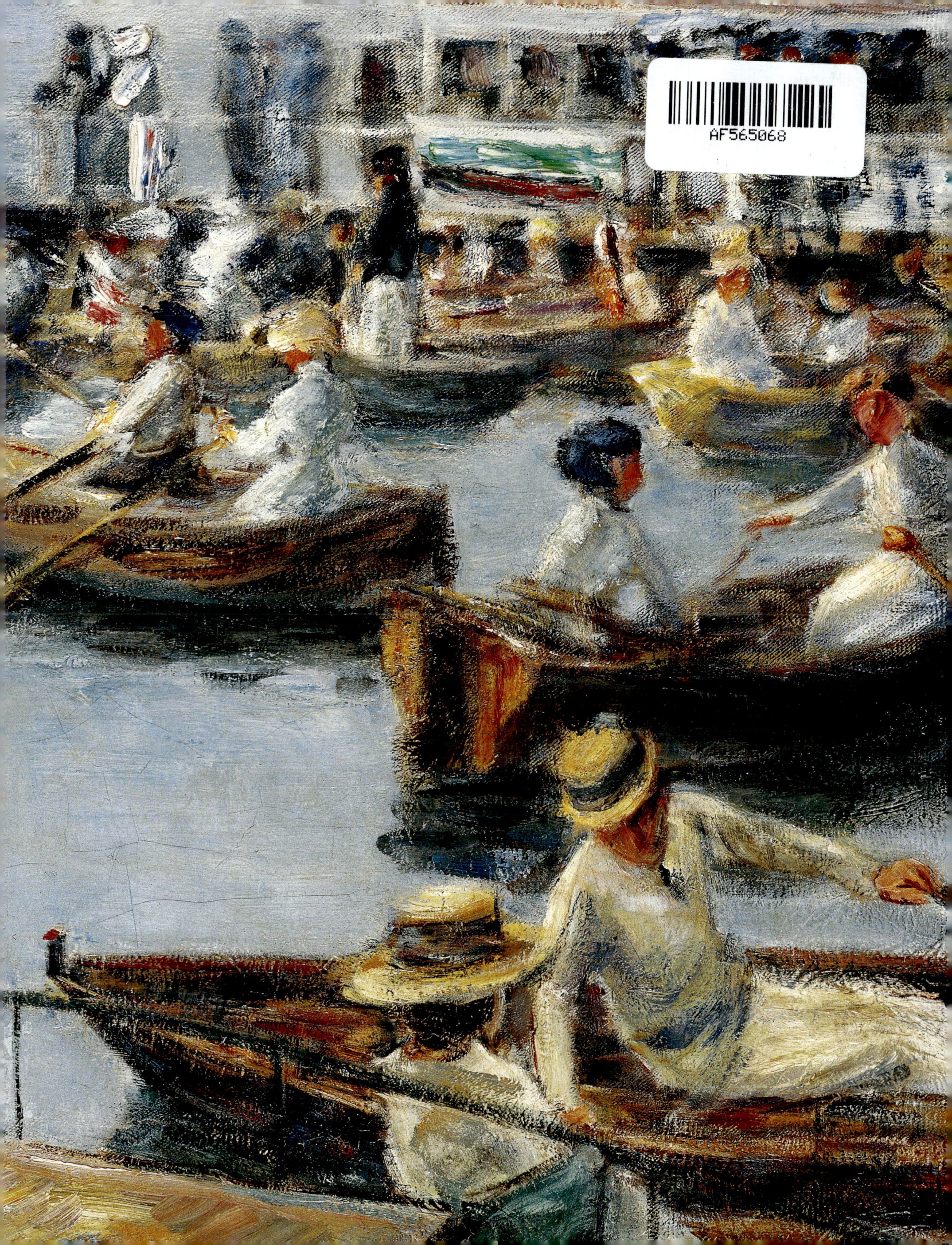

Max Liebermann

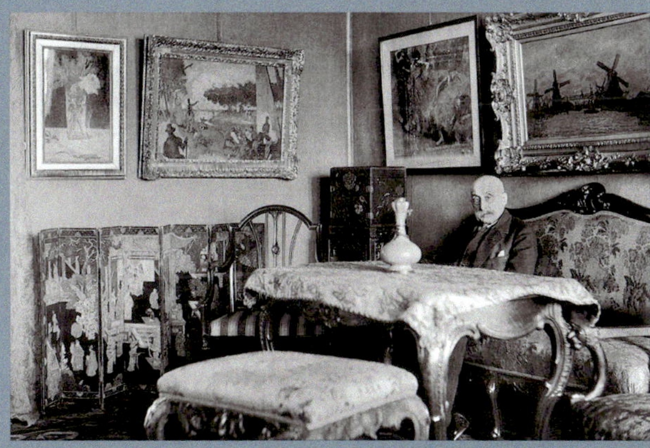

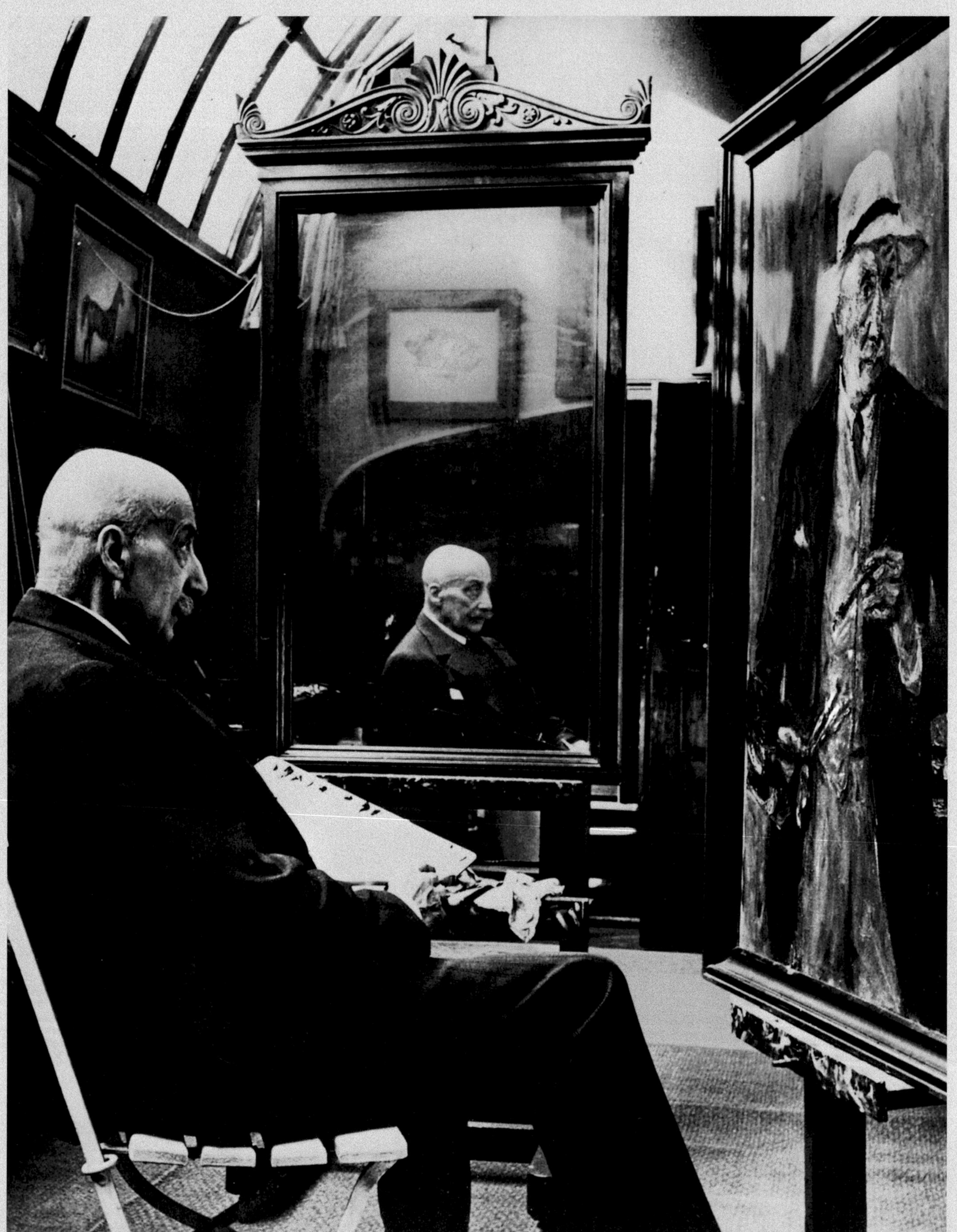

Frauke Berchtig

Max Liebermann

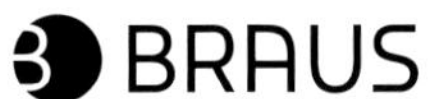

Auf dem Einband
Vorderseite: Ausschnitt aus *Der Papageienmann*, vgl. Abb. S. 61
Rückseite: Ausschnitt aus *Selbstbildnis im Malkittel mit Hut, Pinsel und Palette*, vgl. Abb. S. 93

Vorsatz vorn: Ausschnitt aus *An der Alster in Hamburg*, vgl. S. 78
Vorsatz hinten: Ausschnitt aus *Strand in Noordwijk*, vgl. S. 74

Seite 1: Max Liebermann im Musikzimmer, um 1930, vgl. S. 62
Frontispiz: Max Liebermann im Atelier seines Hauses am Pariser Platz, 1932

Die Bildvorlagen wurden uns freundlicherweise von den in den Bildlegenden genannten Museen und Sammlungen zur Verfügung gestellt bzw. stammen aus dem Archiv des Verlags mit Ausnahme von:

akg-images: Einbandrückseite, Seiten 7, 22/23, 48/49, 79, 89, 93
akg-images/Erich Lessing: Seiten 54/55, 57, 64

Artothek, Weilheim: Cover, Vorsatz vorne, Seiten 13, 31, 42, 71, 78
Blauel/Gnamm/Artothek: S. 45, 50
Alexander Koch/Artothek: S. 61
Landesmuseum Hannover/Artothek: S. 28/29
Städel Museum/Artothek: S. 32/33 und 58
Stiftung Museum Kunstpalast – Horst Kolberg/Artothek: S. 25

bpk/Hamburger Kunsthalle/Elke Walford: Seiten 37, 38, 51, 52, 76, 84
bpk/Museum der bildenden Künste, Leipzig/Ursula Gerstenberger: Seite 53
bpk/Nationalgalerie, SMB: Seite 19
bpk/Nationalgalerie, SMB/Jörg P. Anders: Seite 63
bpk/Nationalgalerie, SMB/Andres Kilger: Seiten 77 und 85
bpk/Nationalgalerie, SMB/Jürgen Liepe: Seite 39
bpk/RMN - Grand Palais/Jean Schormans: Seite 24
bpk/The Metropolitan Museum of Art: Seite 67

© Jürgen Hohmuth/zeitort.de: Seite 95 links
Max-Liebermann-Gesellschaft Berlin e. V.: Seite 95 rechts
Rheinisches Bildarchiv Köln: Seiten 41, 65
Sammlung Reinald Eckert: Seite 80
Staatsbibliothek zu Berlin – Preußischer Kulturbesitz, Kinder- und Jugendbuchabteilung: Initialen auf den Seiten 6, 12, 44 , 56, 92
Die Initialen stammen aus dem Buch
Max Liebermann: Ein ABC in Bildern, Berlin o. J. [1908].

Die Edition Braus ist eine Marke der Aufbau Verlage GmbH & Co.KG

www.editionbraus.de

Gestaltung und Herstellung: typodesignbüro, Uta Thieme, Berlin
nach einem Entwurf von Cilly Klotz, München

Lithographie: Repro Ludwig, Zell am See
Druck- und Bindung: Grafisches Centrum CUNO, Calbe

Die Deutsche Bibliothek verzeichnet diese Publikation in der Deutschen Nationalbibliographie; detaillierte bibliographische Daten sind im Internet über http://dnb.ddb.de abrufbar.

ISBN 978-3-86228-088-9
Printed in Germany

Inhalt

»Wenn man nach Berlin reinkommt, gleich links« – Kindheit und Jugend im alten Berlin

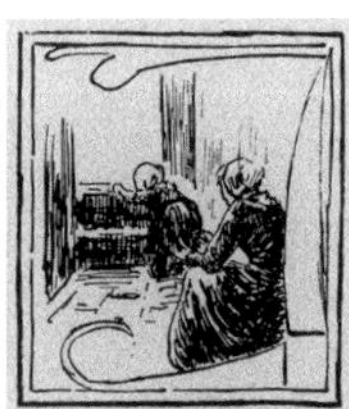

ch, Max Liebermann, bin den 20. Juli 1847 zu Berlin geboren. Mein Vater, Louis Liebermann, erzog mich, treu dem Glauben der Väter, in der jüdischen Religion.«

Max Martin Liebermann erblickt als drittes von vier Kindern der jüdischen Industriellenfamilie Liebermann das Licht der Welt. Sein Vater leitet zusammen mit seinen Brüdern die gemeinsame Firma »Liebermann & Comp.«, die mit der Produktion bedruckter Baumwollstoffe zu ansehnlichem Wohlstand gelangt war. Später erwirbt die Familie zwei Eisenhütten in Schlesien und wandelt noch vor Beginn der Gründerjahre das Unternehmen höchst erfolgreich in eine Aktiengesellschaft um.

Die Erfolgsgeschichte der Familie Liebermann ist beispielhaft für den Aufstieg des Bürgertums im wilhelminischen Preußen zur Zeit der industriellen Revolution.

Die Wurzeln der Familie liegen in Märkisch-Friedland (heute Mirosławiec), einem kleinen Städtchen in der damaligen Provinz Westpreußen. Von dort kommt Max Liebermanns Großvater Joseph Liebermann um 1824 nach Berlin, um nach der Gleichstellung jüdischer Bürger am wirtschaftlichen Aufschwung in der preußischen Hauptstadt teilzuhaben. Die Liebermanns waren bereits in der alten Heimat wirtschaftlich erfolgreich, was ein Leumundszeugnis des Märkisch-Friedländer Magistrats bestätigt: »[...] sich stets als ein treuer, redlicher Bürger gezeigt, [...] auch in Erfüllung der ihm obliegenden bürgerlichen Pflichten und Berichtigungen der Abgaben nicht säumig gewesen.«

Mit seinen Brüdern baut Joseph Liebermann in Berlin die Mode- und Manufakturwarenhandlung »Liebermann & Comp.« auf. Der Firma gelingt es, das zu dieser Zeit auf dem europäischen Kontinent herrschende Monopol der Engländer beim Handel mit Baumwollstoffen zu brechen. Bei einem Treffen mit dem preußischen König Friedrich Wilhelm III. im böhmischen Kurbad Teplitz stellt sich Joseph Liebermann mit den Worten vor: »Ich bin der Liebermann, der die Engländer vom Kontinent vertrieben hat.« Innerhalb von zwei Jahrzehnten steigt die Familie in den Kreis der Berliner Millionäre auf. Bereits für Max Liebermanns Vater Louis, der noch in Märkisch-Friedland geboren worden war, gilt der nur einfache Millionär als »armer Mann«. Diesen enormen Erfolg verdanken die Liebermanns nicht nur ihrem Unternehmergeist und den dafür günstigen Zeitumständen, sondern in nicht geringem Maß auch ihrer Anpassungsfähigkeit an die preußischen Tugenden und Werte, ohne dabei ihre

Gartenlokal an der Havel – Nikolskoe
(Ausschnitt, vgl. S. 79)

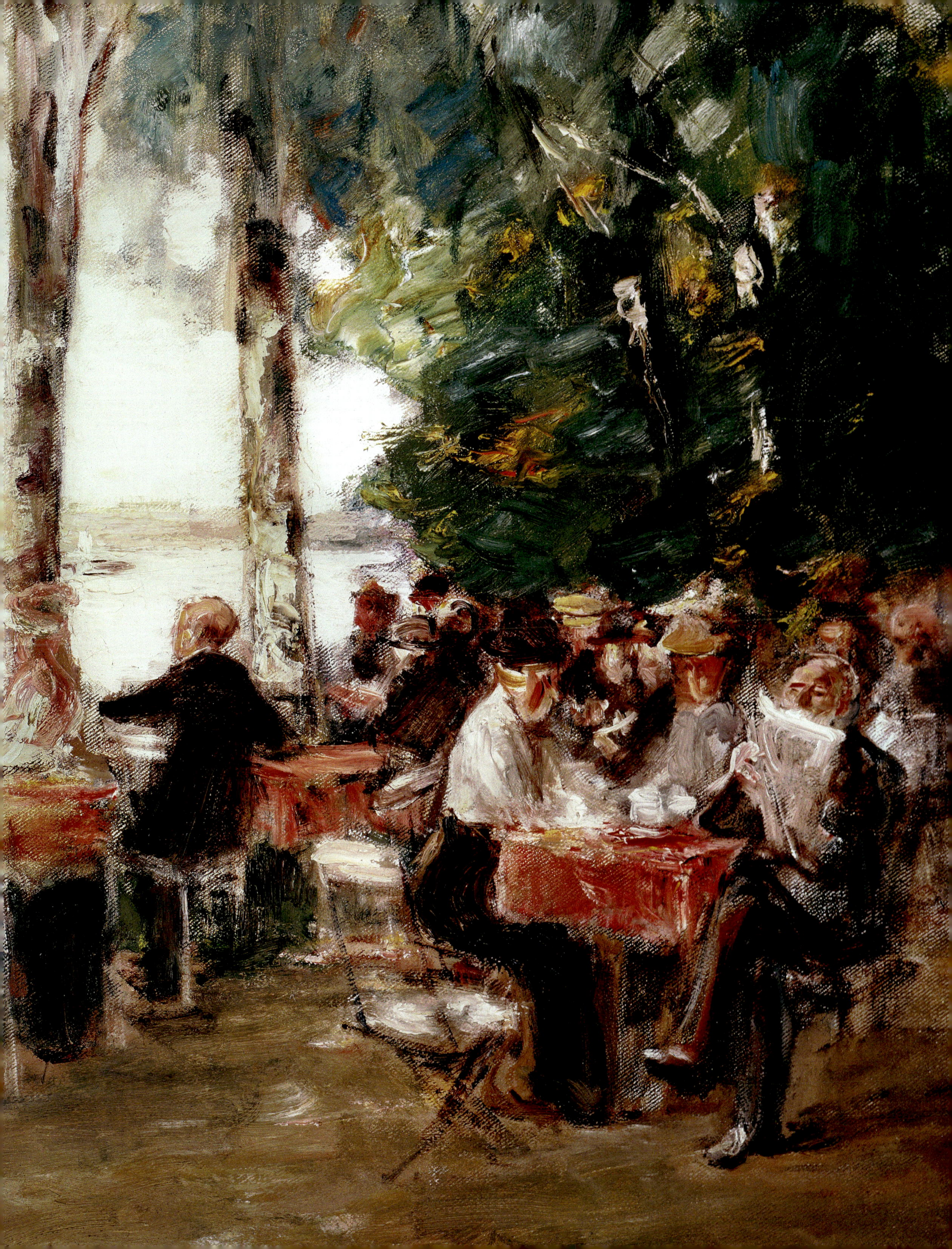

Religion und Herkunft zu verleugnen. Fleiß, Sparsamkeit und Disziplin sind oberste Gebote bei der Haushaltsführung ebenso wie in der Kindererziehung. Die drei Söhne Louis Liebermanns, Georg (1844–1926), Max (1847–1935) und Felix (1851–1925), teilen sich bis zum Abitur ein gemeinsames Schlaf- und Arbeitszimmer, durch dessen Türfensterchen der Vater die Jungen bei den Hausaufgaben kontrollieren kann. Nur die Schwester Anna (1843–1933) bekommt ein eigenes Zimmer. Zur Zeit von Max Liebermanns Geburt bewohnt die Familie repräsentative Räume in der oberen Etage eines nach Schinkelschem Vorbild gebauten Bürgerhauses in der Burgstraße 29, am Ende der Herkulesbrücke mitten im damaligen Berliner Geschäftszentrum. Nach anderen Quellen kommt Max noch zusammen mit seinen Geschwistern Anna und Georg im ganz in der Nähe gelegenen Stammhaus der Familie Liebermann in der Spandauer Straße 30 zur Welt. Nach einer Zwischenstation in der Behrenstraße 48 bezieht die Familie 1859 das später als Künstlerdomizil Max Liebermanns legendär gewordene Palais am Pariser Platz 7. Louis Liebermann hatte zwei Jahre zuvor das 1843 von Friedrich August Stüler im Stil eines italienischen Palazzo erbaute Haus erworben und bewohnt nun mit seiner Familie die Beletage. Die Lage unmittelbar neben dem Brandenburger Tor ist ein Logenplatz im Theater von Berlin: »Der glänzendste Verkehr spielte sich dort unten ab, und wenn [...] siegreiche Truppen durch das Tor nach Berlin zurückkehrten, so entwickelte sich vor den Fenstern das farbenprächtigste Schauspiel«, beschreibt Liebermanns Biograph Erich Hancke die Atmosphäre des Platzes zur Zeit von Maxens Kindheit. Auf der anderen Seite des Hauses öffneten sich die Weiten des Tiergartens, der damals noch ein richtiges Waldgebiet war und für den Jungen zum Abenteuerspielplatz wurde. Hier konnte er, wenn die lästigen Hausaufgaben erledigt waren, ungehindert herumstromern, in jungen Jahren zu Fuß, später leidenschaftlich gern zu Pferd. Im Winter wurden die zugefrorenen Kanäle zur kilometerlangen Eisbahn für ausgedehnte Schlittschuhpartien.

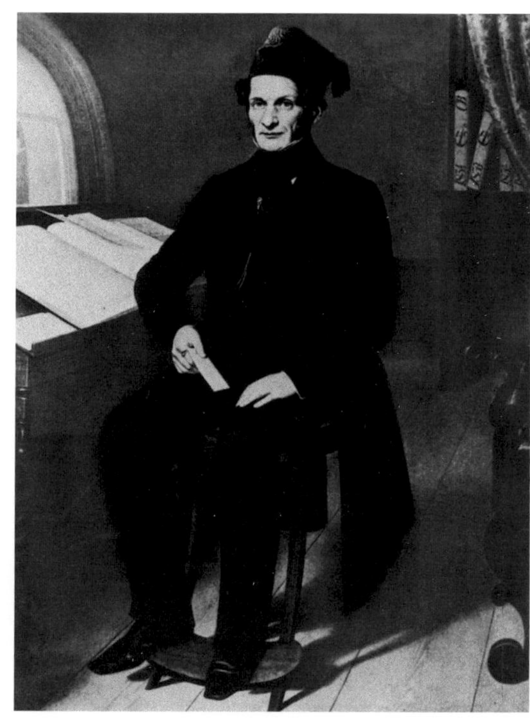

Unbekannter Künstler,
Kommerzienrat Joseph Liebermann, 1842

Die bevorzugte Wohnadresse im Herzen der Stadt trägt später nicht unwesentlich zum Anekdotenreichtum um Max Liebermann bei, von denen eine besagt, dass die Frage nach dem Wohnort des berühmten Künstlers gern mit der Auskunft »Wenn man nach Berlin reinkommt, gleich links« beantwortet wurde.

Doch trotz der vornehmen Adresse bleibt die Lebensführung im Hause Liebermann bescheiden. Der Vater »war seinen Kindern ein Muster ehernen Fleißes: Er arbeitete von früh bis spät, gönnte sich nicht Ferien, nicht Reise,

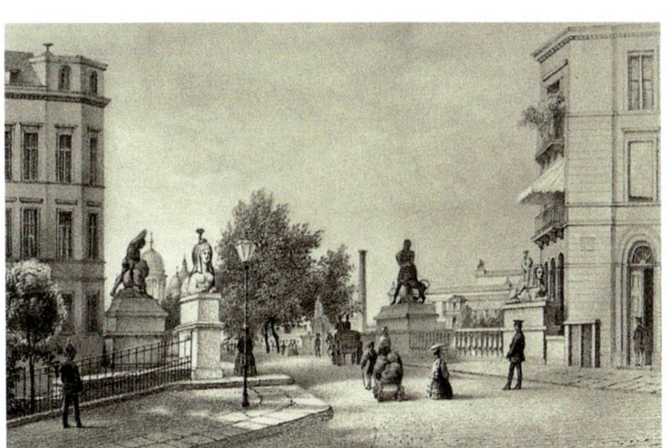

Burgstraße 29 an der Herkulesbrücke, Zeichnung von F. A. Borchel, 1860

war puritanisch gegen alle Vergnügungen, machte kein Haus«, beschreibt es später Julius Elias in einer Biographie über Liebermann. Das väterliche Vorbild bleibt nicht ohne Wirkung auf den Jungen, der noch als alter Mann einem Bewunderer seiner nicht nachlassenden Schaffenskraft erklären wird: »Das ist Dressur; Das ist Selbstdisziplin! [...] Wir kamen aus reichem Hause. Aber unser Vater hat uns streng erzogen. Er sagte: ›Ihr müßt euch selbst ernähren ...‹ Da hieß es eben arbeiten! Und das war gut! Da war man genötigt, was zu leisten.«

Für das künstlerische Interesse des Jungen sind die Voraussetzungen allerdings nicht so günstig. Kunst spielt im Hause Liebermann keine Rolle. Die Eltern sind fromme Juden und ihr gesellschaftliches Engagement konzentriert sich auf Spenden an jüdische Wohltätigkeitsorganisationen, vor allem das Waisenhaus kam in den Genuss diverser Zuwendungen. Nur einem Mitglied der weitverzweigten und mit fast allen großen jüdischen Familien Berlins verwandten Liebermann-Familie wird Kunstverstand nachgesagt. Der später zum Baron von Wahlendorf geadelte Adolph Liebermann, ein Bruder von Louis, zieht sich frühzeitig aus dem Geschäftsleben zurück und führt ein »großes Haus« am Tiergarten, inklusive einer reichen Kunstsammlung. Er besitzt unter anderem das 1875 entstandene Eisenwalzwerk von Adolph Menzel, auf dessen Bildmotiv er den Maler aufmerksam gemacht hatte, denn es zeigt genau so eine Eisenhütte, wie sie die Firma Liebermann in Schlesien gekauft und erfolgreich saniert hatte. Nach Auflösung seiner Kunstsammlung schenkt Adolph Liebermann das Bild der Berliner Nationalgalerie, wo es heute zusammen mit der *Flachsscheuer in Laren* seines Neffen zu den Ikonen der Darstellung der Arbeitswelt des 19. Jahrhunderts gehört.

Max besucht das Dorotheenstädtische Realgymnasium und wechselt dann, dem Wunsch des Vaters entsprechend, auf das Friedrich-Werdersche Gymnasium, wo er 1866 das Abitur ablegt. Nach eigener Aussage ist Max Liebermann ein schlechter Schüler und das wohl vor allem in den Naturwissenschaften, besonders in Mathematik. Als 60jähriger schreibt er über seine Schulzeit: »Noch heut ist es mein schwerster Traum, ich sei noch auf dem Gymnasium.« Wenn auch ein bisschen Koketterie dabei ist – das Abiturzeugnis zeigt überwiegend passable Noten –, scheint das damals gern praktizierte Auswendiglernen gar nicht nach seinem Geschmack gewesen zu sein. »Überhaupt beschäftigte ich mich viel lieber als mit spekulativen Dingen mit manuellen«, schreibt Liebermann 1889 in einem autobiographischen Text. Bücher sind ihm in der Kindheit ein Gräuel und er bekennt später, dass ihn erst das Studium in Weimar und die literarische Atmosphäre rund um den Frauenplan, wo er vis-à-vis von Goethes Wohnhaus Quartier bezieht, veranlasst haben, freiwillig nach dessen Werken zu greifen. Diese spät entdeckte Liebe erweist sich dann allerdings als sehr nachhaltig, denn Goethe wird zum Wegweiser und Leitstern für sein künstlerisches Verständnis.

Das Faible für alles, was mit praktischer Tätigkeit zu tun hat, zeigt sich auch in den kleinen Skizzen, die seine Schulhefte und Skizzenbücher (das früheste erhaltene stammt aus der Zeit um 1866) füllen. Eine außergwöhnliche

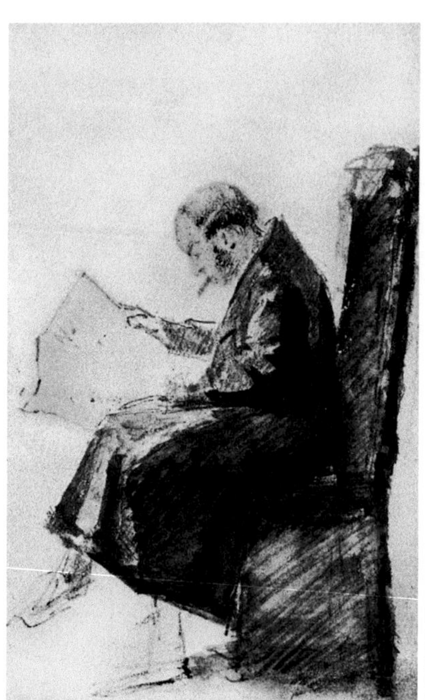

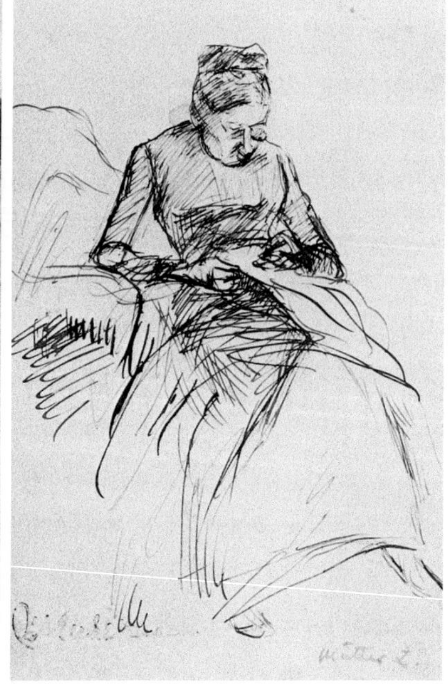

Der Vater des Künstlers (Von der Seite nach links sitzend und Zeitung lesend), um 1865, Bleistift, laviert, 14,8 x 8,5 cm, Stiftung Saarländischer Kulturbesitz, Saarlandmuseum Saarbrücken

Die Mutter des Künstlers, nähend, um 1865/66, Feder, Tinte, 18 x 11 cm, Privatbesitz

Begabung, die eine große Karriere verspricht, lassen sie noch nicht erkennen. Der Biograph Erich Hancke kommentiert die Skizzen mit den Worten: »Die meisten dieser frühen Zeichnungen sind dermaßen naiv, daß man schon ein Kenner sein muß, um aus ihnen ein besonderes Talent herauszufinden [...] Aber diese Naivität [...] ist die Bürgschaft der Entwicklungsfähigkeit [...].« Der Junge arbeitet an der Entwicklung des schüchternen Talents und findet Förderer dafür. Um 1862 lässt sich seine Mutter von der damals sehr geschätzten Berliner Malerin Antonie Volkmar (1827–1904) porträtieren und Max, der sich bei den end-

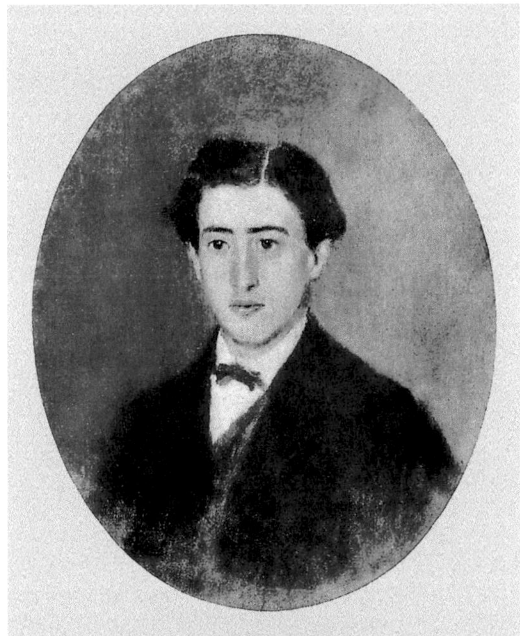

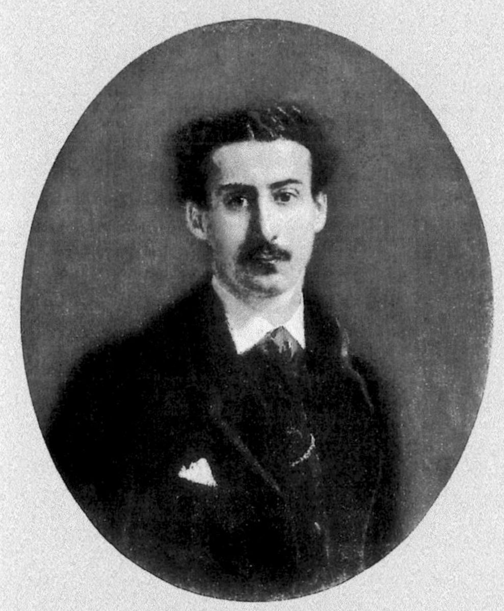

Bildnis Felix Liebermann, 1865 (?),
Öl auf Leinwand, 63 x 53 cm, Standort unbekannt

Selbstbildnis, 1866,
Öl auf Leinwand, 68 x 53 cm, verschollen

losen Sitzungen langweilt, fertigt einige Skizzen von seiner Mutter an, die der Malerin als Talentprobe gelten: Sie rät den Eltern, die Begabung des Jungen zu fördern. Bis zu den Abiturprüfungen darf er nun zweimal wöchentlich am Zeichenunterricht im Atelier des in Berlin hoch gerühmten Carl Steffeck (1818–1890) teilnehmen und erhält dort solides zeichnerisches Grundwissen. Als Max nach bestandenem Abitur der Familie eröffnet, dass er Maler werden möchte, ist diese darüber wenig erfreut und der Vater klagt dem Bruder Georg gegenüber: »Was sagst Du zu dem Unglück, daß Max Maler werden will?« Zwar setzt sich der kunstsinnige Onkel Adolph für seinen Neffen ein, dennoch immatrikuliert sich Max im Herbst 1866 zunächst auf Wunsch des Vaters an der Philosophischen Fakultät der Friedrich-Wilhelms-Universität. Nach eigenen Aussagen betritt er allerdings den Hörsaal nie, sondern reitet stattdessen lieber im Tiergarten aus. Dabei kommt es zu einer Begegnung mit seinem früheren Lehrer Steffeck, der nicht nur ein bedeutender Pferdemaler, sondern auch ein leidenschaftlicher Reiter ist. Das Zusammentreffen veranlasst Max, das Zeichenstudium wieder aufzunehmen.

»Zeichnet, was ihr seht« ist Steffecks wichtigste, und nach Auskunft Liebermanns nahezu einzige Lehre, »denn er wußte, daß alles Lernen in der Kunst in nichts anderem bestehen kann, als die Form zu finden, das Gesehene wiederzugeben.« Die soliden handwerklichen Fertigkeiten, die Liebermann in Steffecks Atelier erlernt, weiß er zeitlebens zu schätzen. Die Zeichnung ist und bleibt für ihn die erste und wichtigste Annäherung an ein Bildmotiv. Er studiert die Figuren und ihre Anordnung im Bild intensiv in zahlreichen Skizzen und Entwürfen. Über die Bedeutung der Zeichnung für das später entstehende Gemälde äußert sich Liebermann: »Denn wie der Stift williger den Intentionen des Künstlers folgt, so gibt die Zeichnung einen mehr unmittelbaren Einblick in sein Schaffen.«

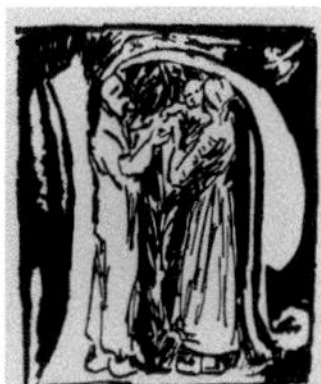

ach eineinhalb Jahren Unterricht bei Steffeck, in denen er auch an einigen Auftragsarbeiten seines Lehrers mitarbeiten kann, verspürt Liebermann den Wunsch nach umfassenderer Ausbildung und einer Ortsveränderung. Er erkennt, dass sich seine Möglichkeiten unter Steffecks Anleitung nicht erweitern lassen und er weiß, dass seine Fähigkeiten noch nicht ausreichen, um sich mit den Malerkollegen in Paris oder München zu messen. Mit Billigung der Eltern, die ihren Sohn nicht ganz aus der Kontrolle entlassen wollen, fällt seine Wahl auf die erst 1860 vom Großherzog Carl Alexander in Weimar gegründete Kunstschule, die für die damaligen Verhältnisse als fortschrittlich und liberal gilt. Knapp dreißig Jahre nach Goethes Tod hatte Weimar deutlich an kultureller Bedeutung verloren und der Großherzog ist sehr darum bemüht, seine Stadt wieder zum Anziehungspunkt für europäische Geistesgrößen zu machen. Gründungsdirektor der Kunstschule ist der Maler Stanislaus Graf von Kalckreuth (1820–1894), mit dessen Sohn Leopold (1855–1928) Liebermann eine Freundschaft pflegt. Unter seiner Leitung und mit einem Kreis anerkannter Landschaftsmaler wie Theodor Hagen erwirbt sich die Schule bald einen internationalen Ruf als führende Ausbildungsstätte der Freilichtmalerei, die in der »Weimarer Malerschule« bald zu einem Höhepunkt geführt wird. Liebermann nimmt 1868 sein Studium bei dem belgischen Historienmaler Ferdinand Pauwels (1830–1905) auf. Die fünf Jahre an der Weimarer Schule gehören nach Liebermanns eigenem Bekunden nicht zu seinen glücklichsten. Er fühlt sich in Weimar einsam und hat auch mit seinen Arbeiten keinen rechten Erfolg. Das Verhältnis zu seinem Lehrer ist von Anfang angespannt. Pauwels lehrt eine in dieser Zeit schon überholte altertümliche Lasurmalerei, mit der sich sein Schüler nicht anfreunden kann, und auch das ausgiebige Kopieren von Cranach-Bildern und mythologischen Themen reizt ihn nicht. Zweimal werden Liebermanns Arbeiten als die schwächsten der Malklasse beurteilt und er muss nach Unterrichtsschluss in der nahegelegenen Kneipe für alle eine Runde zahlen. Diese Demütigung nimmt er nicht kampflos hin. Er bemüht sich, noch intensiver zu arbeiten und seine zeichnerischen Leistungen durch unermüdliches Skizzieren zu verbessern. Von seiner niedergeschlagenen Stimmung zeugt ein Brief an den Bruder Felix vom April 1869: »Ach, wie wohl muß Dir des Abends sein, wenn Du, aller Sorgen ledig, zu Deiner Lieblingsbeschäftigung greifen kannst, während so ein armer Maler, nachdem er sich den

Münchner Biergarten – Garten des Augustinerkellers in München (Ausschnitt, vgl. S. 42)

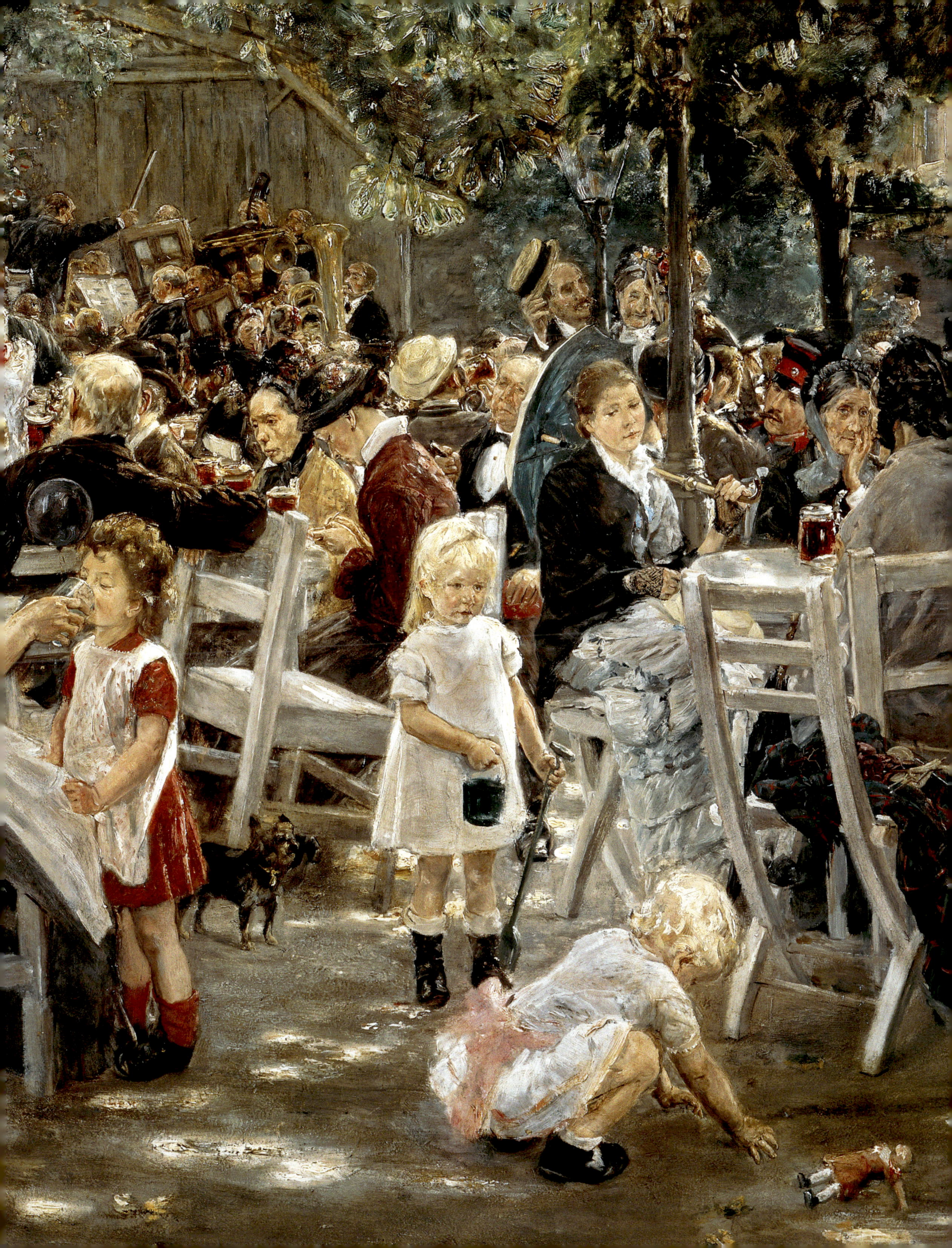

ganzen Tag vor der Staffelei geschunden hat, sich oft sagen muß, daß all sein Tun umsonst war. Und dann steigen wieder Zweifel in ihm auf, ob seine Arbeit überhaupt je zu einem Resultat führen wird.« Aber er ist fest entschlossen, sich gegen alle Widerstände zu behaupten – von Seiten der Familie, die ihn schon als verkrachte Existenz sieht, ebenso wie gegen alle Ablehnung durch seine Lehrer. »Jedenfalls bin ich fest entschlossen, mich mit Aufbietung aller meiner Kräfte durchzuarbeiten. Ein guter Maler muß ich werden. Damit Gott befohlen.« Felix, der sich nach einer dem Vater zuliebe absolvierten Banklehre in Berlin und Manchester der Geschichtswissenschaft zuwendet und 1896 zum Professor ernannt wird, ist der Briefpartner und Vertraute dieser schwierigen und unbefriedigenden Studienjahre. Ihm erzählt Max offen von seinen Sorgen und Wünschen auf dem Weg, ein »guter Maler« zu werden. Bald darauf, 1871, bietet sich die Gelegenheit, das ehrgeizige Ziel in Angriff zu nehmen. Der Kriegsdienst im Feldzug gegen Frankreich von 1870–71 bleibt Liebermann aufgrund eines schlecht verheilten Armbruchs aus Kindertagen erspart. Er schließt sich zwar im Zuge des allgemeinen nationalistischen Gefühlsüberschwangs dieser Zeit freiwillig einem Sanitätszug an, bei einer ersten Berührung mit der Front in der Nähe der von deutschen Truppen belagerten Festungsstadt Metz ergreift ihn aber angesichts der vielen Toten und Verletzten Panik und er reist auf schnellstem Weg nach Weimar zurück. Über das, was er an der Front gesehen hat, wird er ein Leben lang Schweigen bewahren.

In Weimar gestalten sich die Verhältnisse unterdessen günstiger. Mit Theodor Hagen (1842–1919) kommen die Ideen der französischen Freilichtmaler aus Barbizon, einer richtungsweisenden Künstlerkolonie bei Paris, an die Weimarer Kunstschule. Im Mittelpunkt des Unterrichts steht nun nicht mehr nur das streng akademische Aktstudium nach Gipsabgüssen: Eine neue, aus dem unmittelbaren Naturerlebnis erwachsene Landschaftsmalerei hält Einzug. Die künstlerischen Ideen und Ansprüche des großen französischen Vertreters von Naturalismus und Realismus, Gustave Courbet, werden, wenn auch gefiltert und abgeschwächt, in den modernisierten Lehrplänen spürbar.

Mit seinem Lehrer Theodor Hagen reist Liebermann Pfingsten 1871 nach Düsseldorf, um dort den jungen, aber schon berühmten Maler Mihály Munkácsy (1844–1900) zu treffen und, wenn möglich, als Lehrer für die Weimarer Kunstschule zu gewinnen. Munkácsy, der eigentlich Michael Lieb heißt und einer seit langem in Ungarn ansässigen bayerischen Familie entstammt,

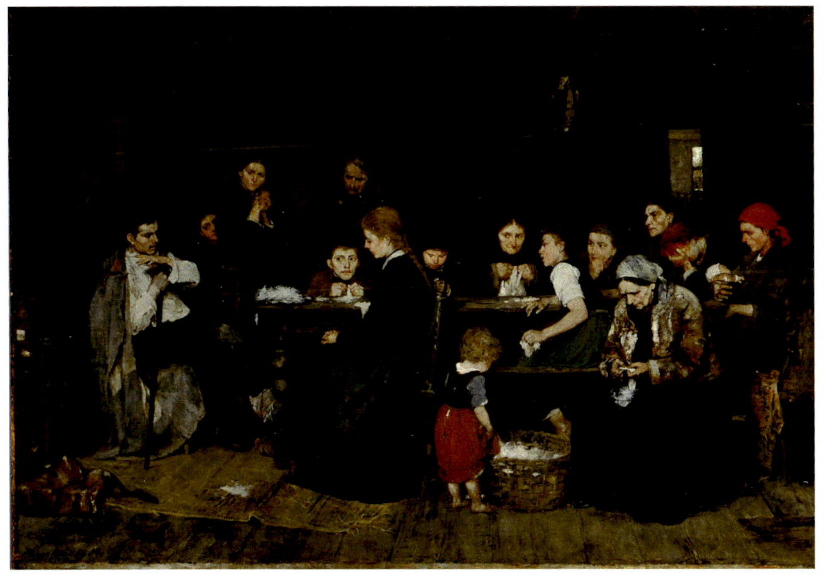

Mihály Munkácsy, *Die Charpiezupferinnen,* 1871, Öl auf Holz, 141,3 x 196 cm, Ungarische Nationalgalerie Budapest

zeigt den Besuchern sein gerade vollendetes Bild *Die Charpiezupferinnen*, das ein Thema aus dem deutsch-französischen Krieg aufgreift – Frauen, die Verbandmaterial für verwundete Soldaten herstellen. Liebermann ist stark beeindruckt von dem naturalistisch gemalten Bild, das alle Anforderungen des Publikums an eine realistisch erzählte, sentimentale und patriotische Geschichte mit Darstellern aus dem einfachen Volk erfüllt.

Es sind vor allem die wirklichkeitsgetreue Darstellung der arbeitenden Frauen und die dunklen Farben, in denen das Bild gemalt ist, die Liebermann begeistern. Diese an sein lebenslanges Vorbild Rembrandt erinnernden dunklen Töne werden auch Liebermanns Bilder für lange Zeit beherrschen.

Die Liebe zu Rembrandts Bildern beschränkt sich aber bald nicht mehr nur auf ihre Malweise, die er intensiv studiert. Auch dessen Heimat wird für Liebermann zur entscheidenden Inspirationsquelle. Von Düsseldorf aus macht er das erste Mal einen Abstecher nach Holland und ist begeistert. Die ruhige holländische Landschaft mit dem weiten Himmel, die allgegenwärtige Nähe des Meeres, das besondere Licht des Nordens, die friedliche und arbeitsame Atmosphäre, die lebhafte Hafenstadt Amsterdam, der Reichtum der öffentlichen Kunstsammlungen – das alles löst in dem jungen, nach seinem künstlerischen Ausdruck suchenden Maler eine ganz neue Schaffensfreude aus, die sich für mehr als vierzig Jahre erhalten wird. In fast jedem der folgenden Sommer reist Liebermann nach Holland und kehrt mit vollen Skizzenbüchern

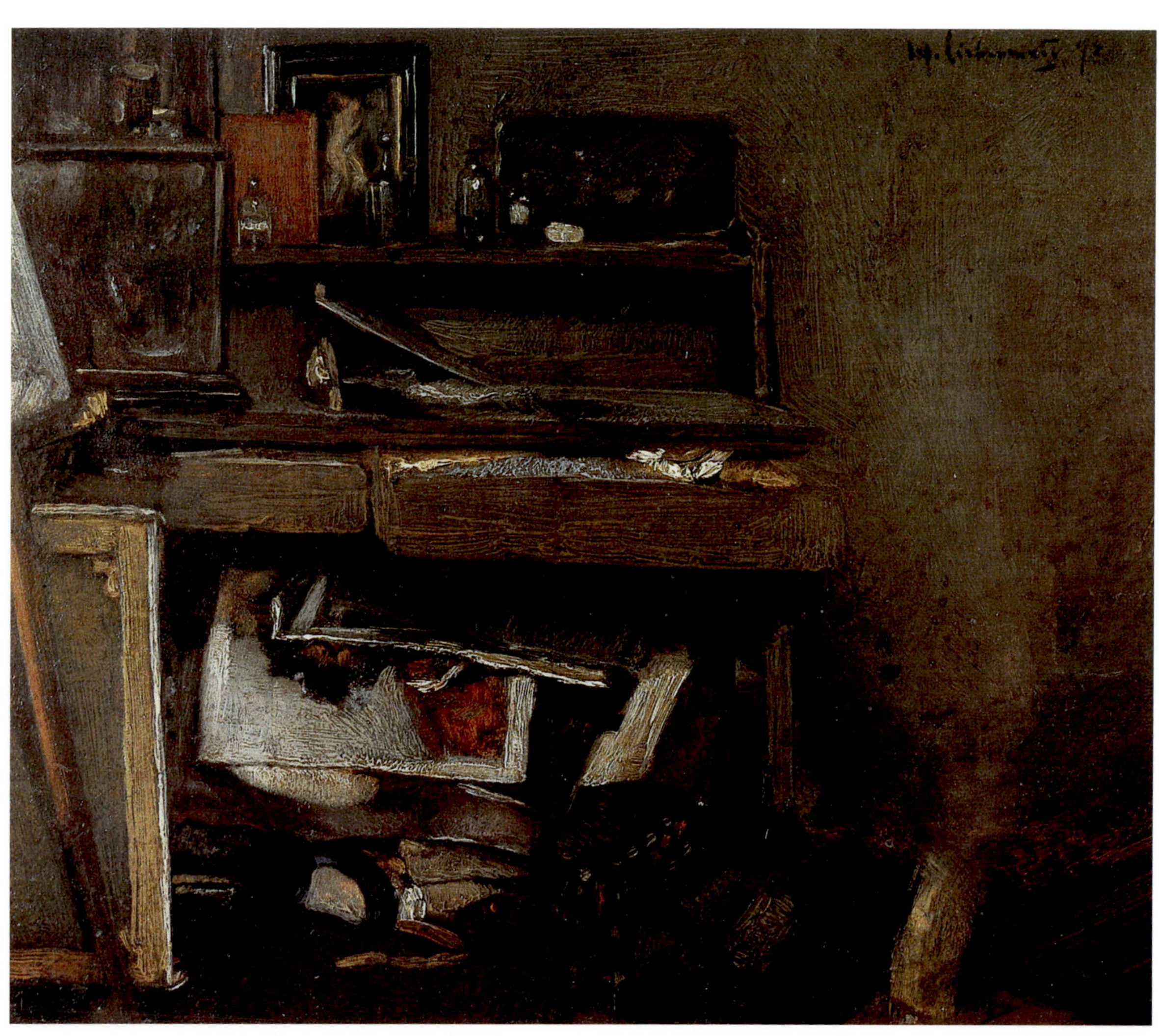

Atelierwinkel – Atelierecke
1871, Öl auf Holz, 20,2 x 24 cm, Kunsthalle Bremen

zurück, aus denen in den Wintermonaten im Atelier seine Gemälde entstehen. Von jener Reise 1871 bringt er die Idee zu seinem ersten großen Werk mit: *Die Gänserupferinnen*. Zuvor jedoch probiert er die gerade bei Munkácsy entdeckte dunkeltonige Farbigkeit an einem kleinen Format aus. Nach der Rückkehr aus Düsseldorf und Holland malt Liebermann zunächst den *Atelierwinkel*, über dessen Entstehung er im Juni an den Bruder Felix schreibt: »Als ich nämlich von Düsseldorf kam, wußte ich nicht, was tun? Da malte ich in der Verzweiflung eine Ecke meines Ateliers. Das gefiel Pauwels so gut, daß er mir riet, ein Bild daraus zu machen.« Aus der Studie *Atelierwinkel* entsteht das Bild *Im Atelier*, indem Liebermann einen alten Antiquitätenkrämer ins Bild hineinsetzt. Mit diesem Motiv hat er erstmals Erfolg und erntet nicht nur das Lob seines Lehrers, sondern auch des kurz in Weimar anwesenden Munkácsy. Angespornt von dieser langersehnten positiven Reaktion auf seine Kunst macht sich Liebermann im Sommer 1871 an *Die Gänserupferinnen*, mit denen er über die Grenzen Weimars hinaus bekannt wird. Als Vorlage für das großformatige, 118 x 172 cm messende Bild wählt Liebermann eine Skizze seines Studienkollegen Thomas Herbst. Sie zeigt eine Gruppe von Frauen beim Gänserupfen. Die Schwierigkeiten, die der Maler mit dem ungewohnten Format hat, beschreibt er wiederum in einem Brief vom Juli 1871 an Felix: »Jetzt gehe ich mit einem großen Bild schwanger. Aber leider bringt es mir auch Geburtswehen und ich glaube, keine Mutter kann beim Gebären größere Qualen ausstehen, als ich bei meinem Opus.« Die Bewältigung des Vorhabens beschäftigt ihn bis in das folgende Jahr hinein. Im Februar 1872 berichtet er an Felix, dass ihn zwar sein Lehrer Pauwels »aus seiner Zucht entlassen hat. Das ist mir sehr angenehm«, aber »mein Bild ist allerdings noch nicht über den Berg, denn da das Sujet gedanklich gleich Null ist und alles der Malerei untergeordnet, so kann ich mich da nur auf mein gutes Gewissen verlassen – und wenn das Bild fertig ist, möge mir all mein Heil beistehen.« Mit diesem Bild will der bis dahin nicht gerade erfolgsverwöhnte Liebermann endlich Zutritt zum Kreis der anerkannten und in der Öffentlichkeit wahrgenommenen Künstler erlangen. »Ich schicke mein Bild zuerst auf die große Hamburger Ausstellung. Sollte es da wider Erwarten gefallen, habe ich immer noch Zeit, es in Berlin auszustellen. Sollte es dagegen nicht gefallen, müssen sich die Berliner den Genuß verkneifen…«

Die Reaktionen, die das Bild beim Publikum hervorruft, sind geteilt. Einige Kritiker erkennen durchaus das Talent des jungen Malers. Das Thema und die Art der Darstellung provozieren jedoch zahlreiche, zum Teil wütende Angriffe und Verrisse. »Liebermanns ›Gänserupferinnen‹, ein Gemälde, worin die abschreckendste Hässlichkeit in unverhüllter Abscheulichkeit thront, kann durch die virtuose Technik nicht für die gänzlich unberücksichtigt gebliebene, nicht durch den leisesten Anflug von Humor vertretene Aesthetik entschädigen«, schreibt ein Kritiker über die Präsentation auf der Hamburger Kunst-Ausstellung. Auch die Berliner müssen sich den »Genuß nicht verkneifen«, zeigen aber das gleiche Unverständnis: »Das Aufsuchen des wirklichst Abscheulichen, was es an rohen, verkümmerten, durch angeborene, von Arbeit und Alter großgezogene Häßlichkeit entstellten und verhunzten Menschenbildern, speziell alten Dorfweibern in aller Welt nur geben mag, ist eine ganz eigentümliche Neigung. Aber sein großes Talent hat er unbestreitbar erwiesen.« Mit Kritiken dieser Art ist die Richtung vorgegeben, in die Liebermanns Kunst in den nächsten Jahrzehnten immer wieder eingeordnet wird: ein talentierter Maler, handwerklich gute Bilder, aber scheußliche Themen. Der Ruf als »Schmutzmaler« und »Apostel des Hässlichen« wird Liebermann bis zur Jahrhundertwende verfolgen, und die Kritiker seiner Bilder werden immer wieder auf dieses Stereotyp zurückgreifen. Um die Ausbrüche an Abscheu und Abwehr gegen Liebermanns Bilder zu verstehen und einordnen zu können, muss man sich die gängige Kunst dieser Zeit vor Augen führen. Als sein großer Gegenspieler gilt damals Ludwig Knaus (1829–1910), der mit seinen anekdotischen Genrebildern genau die Erwartungen des Publikums an eine hübsche, realistisch erzählte Geschichte erfüllt. Im Gegensatz zu Knaus' lieblicher Maid, die mit neckischer Geste die niedlichen Gänse füttert, zeigt Liebermann in seinem Bild die Frauen bei einer recht rüden, gänzlich unpoetischen Tätigkeit in einer »natürlichen«, das heißt ungeschönten Umgebung. Die Frauen rupfen den lebenden und sich heftig wehrenden Gänsen die Daunenfedern aus, um sie anschließend wieder laufen zu lassen. Diese unverblümte Darstellung wird durch keine Anekdote versüßt. Dargestellt ist nur, was der Maler und jeder, der sich aufs Land begibt, dort sehen und erleben kann: ein Beweis für »Liebermanns seltene Begabung, das in der Wirklichkeit Erblickte ohne Umschweife in Form und Farbe zu übersetzen«, wie Günter Busch in seiner Liebermann-Monographie von 1986 schreibt. Dieses umstandslose Umsetzen des Gesehenen im Bild wird für den Künstler Max Liebermann charakteristisch bleiben, egal, welches Medium – ob Ölbild, Graphik oder Zeichnung – und welches Genre

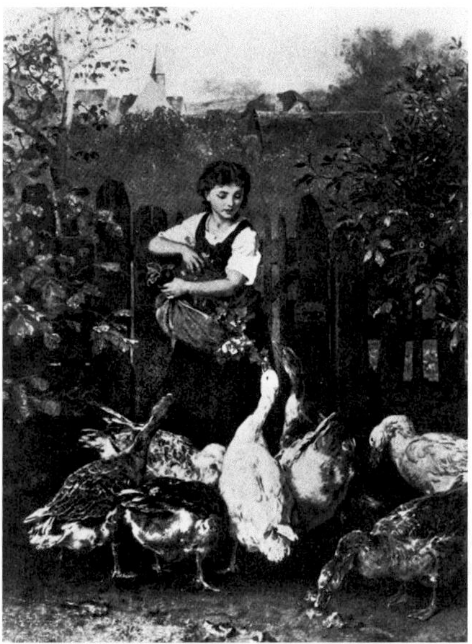
Ludwig Knaus, *Das Vesperbrot*, 1872,
Öl auf Leinwand, 31 x 24 cm, Privatbesitz

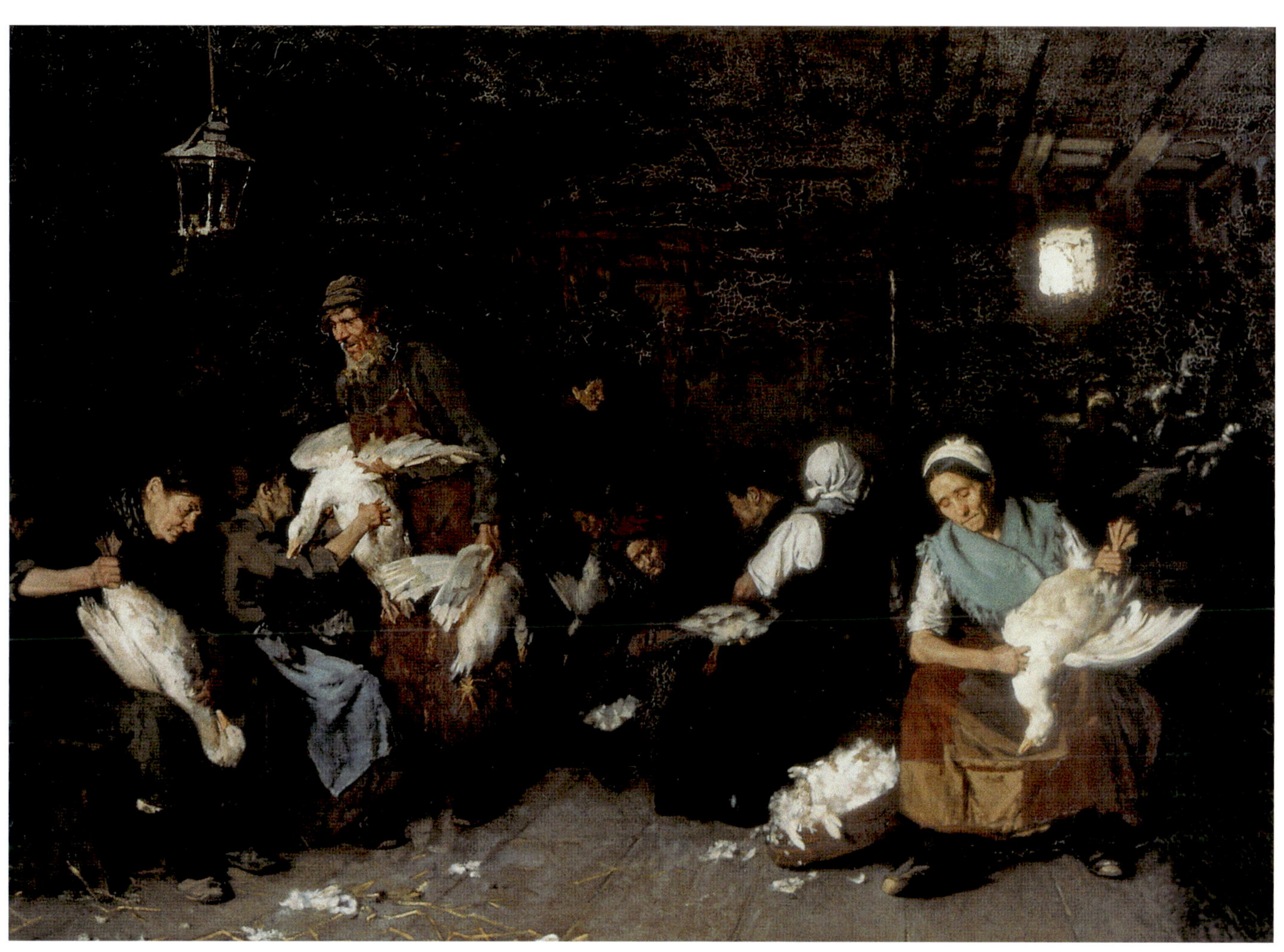

Die Gänserupferinnen
1872, Öl auf Leinwand, 118 x 172 cm, SMB Alte Nationalgalerie

– ob Landschaft oder Porträt – er wählt. Immer bleibt er der Anschauung und realistischen Darstellung des Geschauten verpflichtet. Obwohl die Kritiker seinem Werk mit so deutlicher Ablehnung gegenüberstehen, findet sich sofort ein Käufer dafür. Die Kunsthändler Bock und Bourgeois erwerben das Bild für 1.000 Taler. Aus ihrem Besitz gelangt es zum Berliner Kunsthändler Rudolph Lepke, der Liebermann umgehend einen Vertrag für alle weiteren Bilder anbietet und *Die Gänserupferinnen* an den legendären Gründerzeitspekulanten Bethel Henry Strousberg verkauft. Nachdem dieser Bankrott gegangen ist und seine Sammlung verkaufen muss, erwirbt es Liebermanns Vater, der es testamentarisch der Berliner Nationalgalerie vermacht, in deren Besitz es sich seit 1894 befindet. Das Bild macht Liebermann mit einem Schlag bekannt. Nicht nur die gelehrte Fachwelt debattiert erregt über seine Art der Darstellung von Wirklichkeit. In Berlin sieht auch der von Liebermann zeitlebens hoch geschätzte Adolph Menzel (1815–1905) das Werk. Er bittet Liebermann daraufhin in sein Atelier, wo er ihn mit den zur Anekdote gewordenen Worten empfängt: »Na Männeken, wenn Sie vierzig wären, würde ich sagen, Sie sind ein Genie. So aber, ein junger Bursch, müßten Sie sich von Ihrem Vater jeden Tag die Hosen strammziehen und den Arsch durchwalken lassen. Solche Bilder malt man nicht als Jüngling.« (zitiert nach Paul Eipper).

Vom Erlös des Bildes geht Liebermann auf Reisen. Paris ist zunächst sein Ziel, wo er ab 1873 für fünf Jahre leben wird. Im Juli und August des Jahres 1872 ist Liebermann für längere Zeit in Holland, von wo er diverse Skizzen und Vorstudien für die nächsten großen Bilder *Die Gemüseputzerinnen* und *Die Lotsenstube* mitbringt.

»Im Winter 1873 ging ich von Weimar zu dauerndem Aufenthalt nach Paris und blieb dort bis 1878. [...] Munkáczy zog mich mächtig an, aber noch mehr taten es die Troyon, Daubigny, Corot, vor allem Millet.« Liebermann bezieht ein Atelier in der Rue Larochefoucauld auf dem Montmartre. Zur Pariser Kunstwelt findet er wenig Zugang. Die Aktivitäten der gerade ins Rampenlicht drängenden Impressionisten nimmt er (noch) nicht wahr. Auch die im Atelier des Fotografen Nadar stattfindende legendäre Impressionistenausstellung besucht er nicht. Mit den verehrten Malern der vorangegangenen Generation, den Pionieren der Freilichtmalerei, gelingt es ihm nicht, in Kontakt zu kommen. So kurz nach Beendigung des Krieges von 1870/71 ist die Stimmung den

Lotsenstube (2. Fassung)
1874, Öl auf Leinwand, 62 x 47 cm,
Staatliches Museum Schwerin

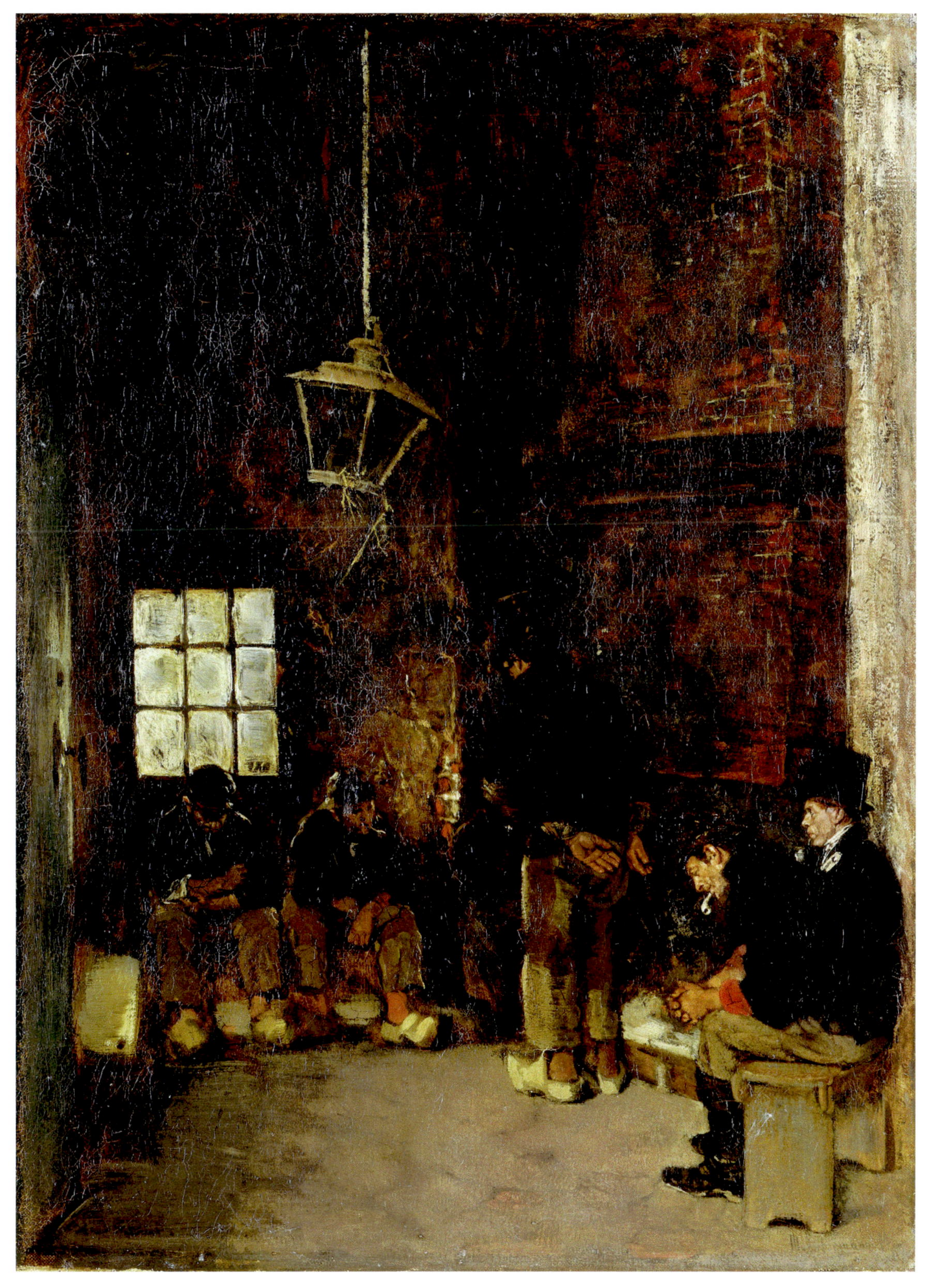

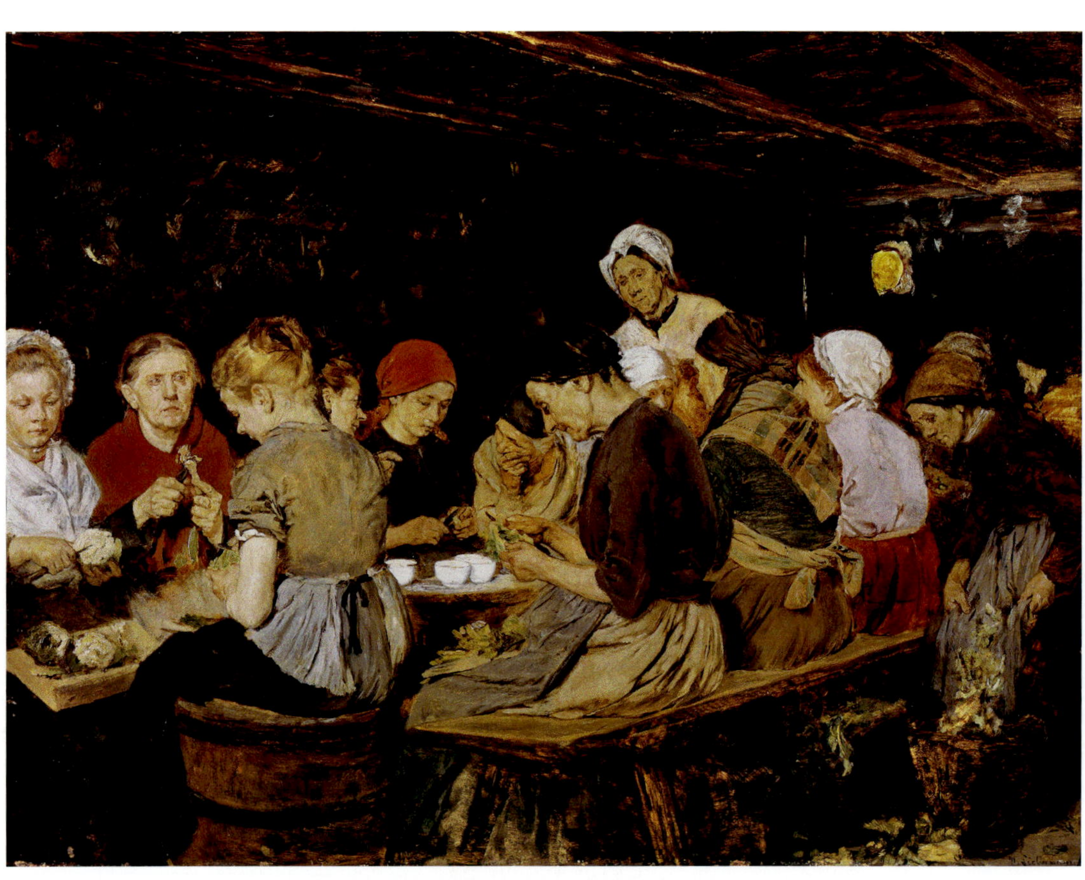

Die Gemüseputzerinnen/Konservenmacherinnen (2. Fassung)
1880, Öl auf Holz, 40 x 65,3 cm, Museum der Bildenden Künste, Leipzig

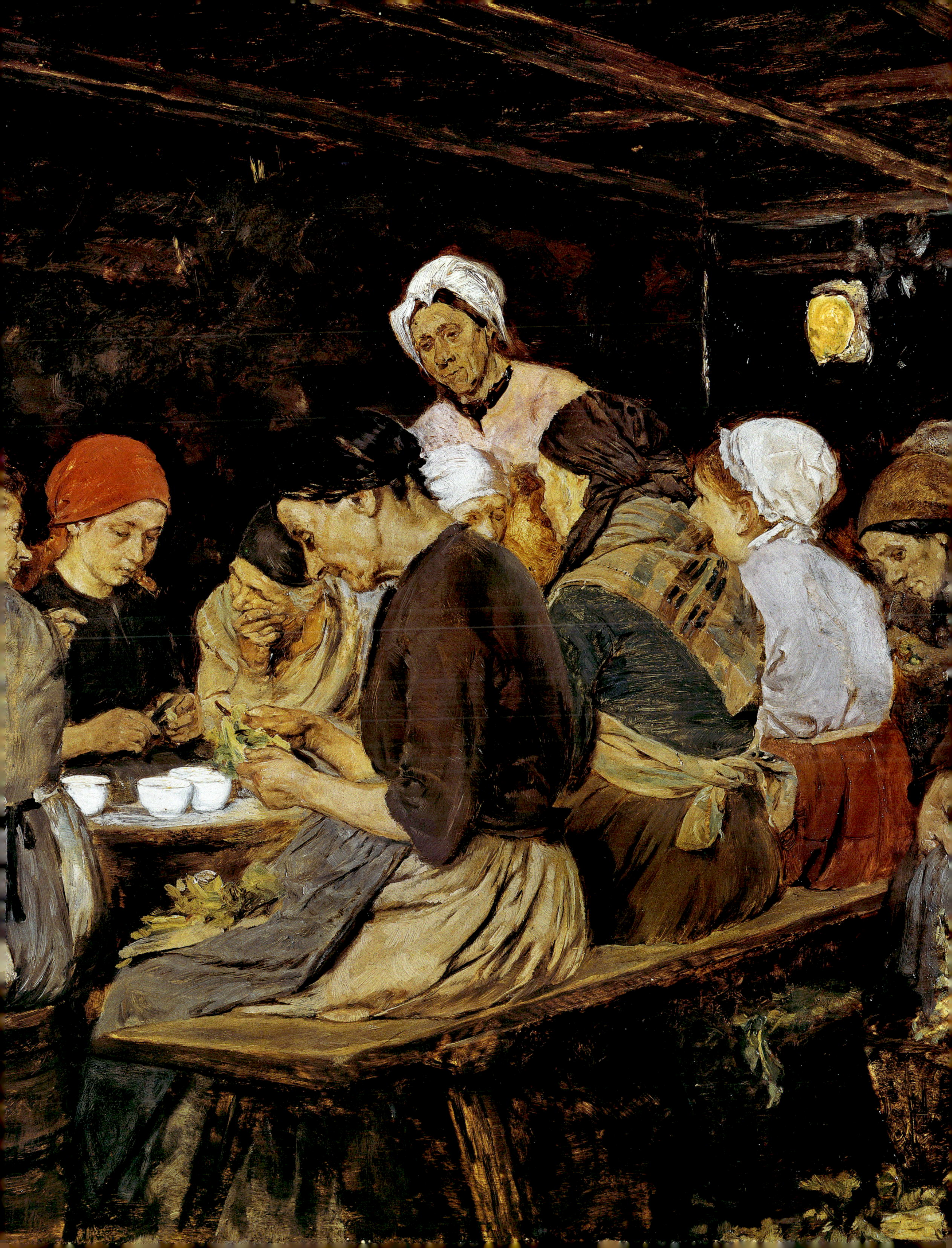

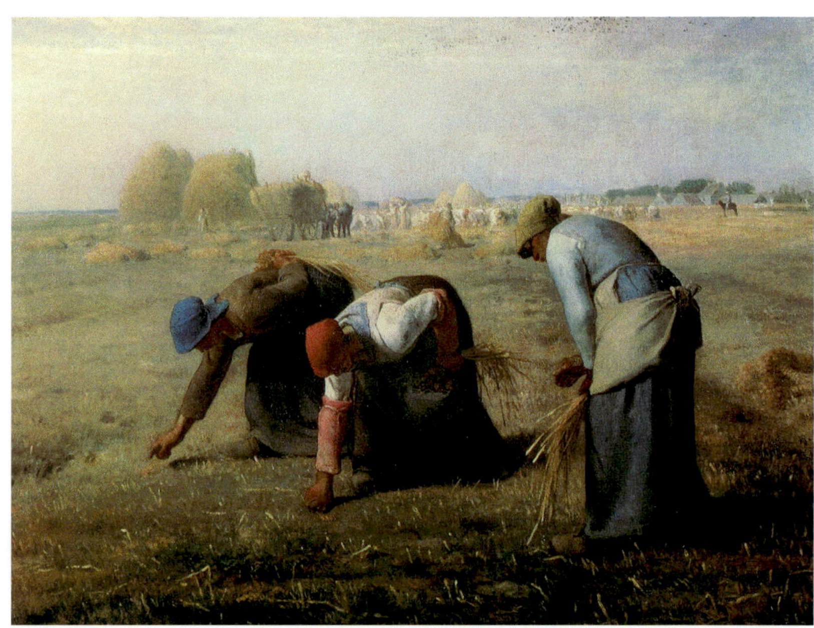

Jean-François Millet, *Die Ährenleserinnen*, 1857, Öl auf Leinwand, 84 x 110 cm, Musée d'Orsay, Paris

Deutschen gegenüber nicht besonders freundlich. Viele Künstler meiden den Kontakt ganz bewusst. Im Sommer hält sich Liebermann einige Wochen in der Künstlerkolonie von Barbizon in der Nähe von Paris auf. Er wohnt in der Nachbarschaft des von ihm sehr geschätzten Jean-François Millet (1814–1875), zu einer Begegnung kommt es jedoch nicht. Millets in Barbizon entstandene Bilder mit Szenen aus dem Leben der Bauern und kleinen Handwerker haben aber großen Einfluss auf Liebermanns weitere Entwicklung und er beginnt unter dem Eindruck von Barbizon ein großformatiges Bild mit einem ländlichen Thema: *Kartoffelernte in Barbizon*.

»Unter dem Einfluß Millets demokratisiert Liebermann sich, bestimmt er sich zum Maler der Niedrigen, Enterbten, eines Sklaventums der Scholle, einer Knechtschaft der Arbeit, die ihm etwas Heiliges wurde. Er tat es, wie einst Millet, auf die Gefahr hin, für einen Sozialisten gehalten zu werden«, schreibt Julius Elias 1911. Diese Gefahr ist für den Sohn einer der reichsten Industriellenfamilien sicher nicht allzu groß. Woher aber Liebermanns Hinwendung zu Themen aus der »niederen Arbeitswelt«, seine Vorliebe für ungeschönte Darstellungen arbeitender Menschen kommt, ist viel gerätselt worden. In seiner 1900 erstmals erschienenen Liebermann-Monographie urteilt Hans Rosenhagen darüber: »Seine glückliche Lage hätte ihn freilich schon bei Beginn seiner Tätigkeit vor dem Verdacht bewahren müssen, daß ihn soziales

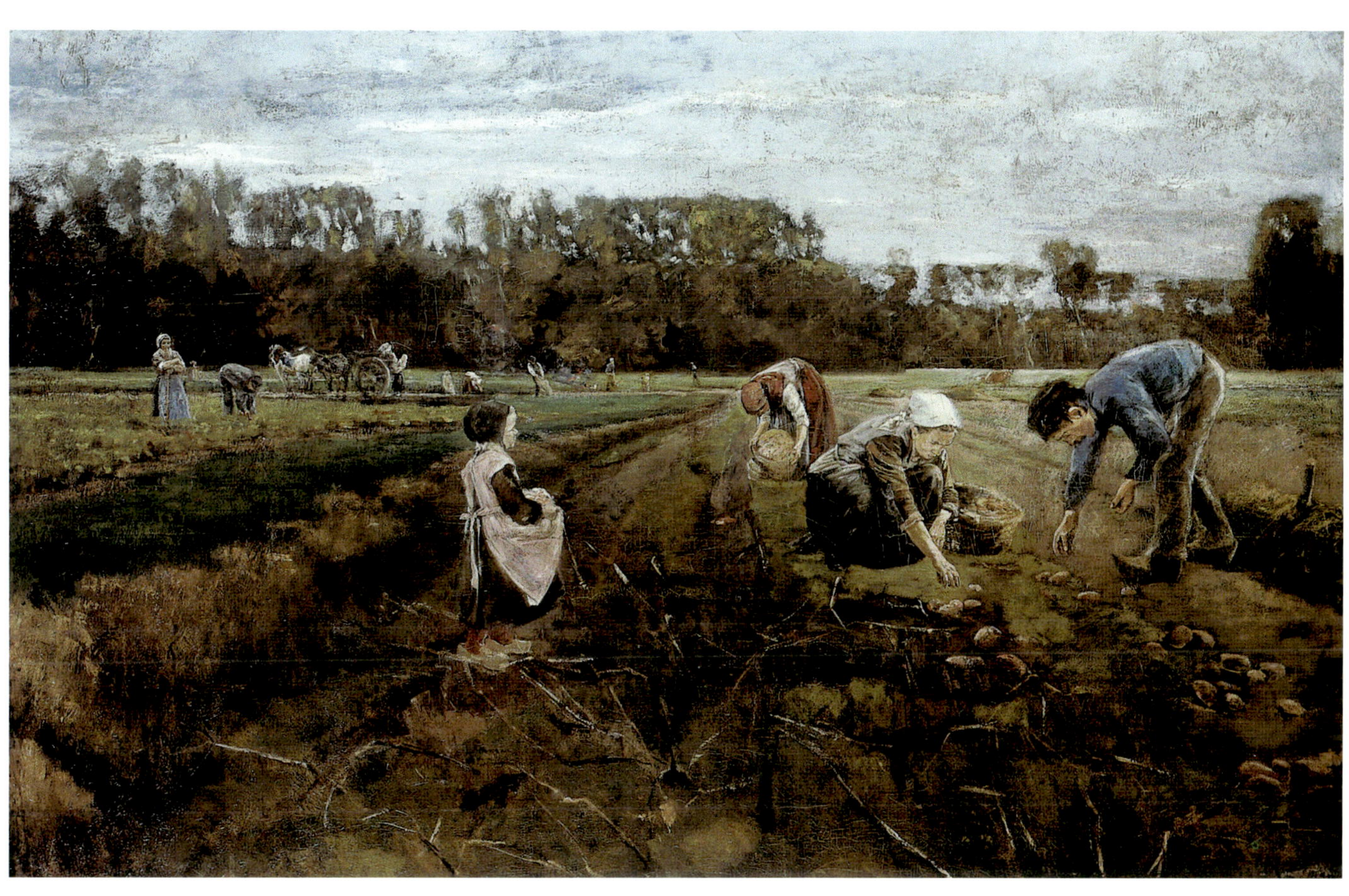

Kartoffelernte in Barbizon
1874, Öl auf Leinwand, 108,5 x 172 cm, Kunstmuseum der Stadt Düsseldorf

Empfinden dazu getrieben habe, den arbeitenden und den armen Menschen in seinen Bilder darzustellen. Nichts lag ihm ferner. Nicht die Menschen interessierten ihn, sondern ihre Beschäftigung. Niemals hat er um Mitleid für das harte Los der unteren Klassen geworben, immer sah er die Menschen mit dem kühlen Blick des Beobachters, also objektiv, und gerade dieses Tendenzlose seiner Kunst wird ihre Äußerungen der Nachwelt wertvoll erscheinen lassen. Da Liebermann selbst ganz und gar nicht sentimental ist, spekuliert er auch nicht auf die Sentimentalität der anderen. [...] doch nur wenige Maler sind den Erscheinungen ihrer Zeit mit soviel Unbefangenheit gegenübergetreten wie Liebermann und haben sie so unberührt von eigenen Gefühlen dargestellt.«

Der »kühle Blick« befähigt ihn, die Situation der arbeitenden Menschen ganz realistisch wahrzunehmen und ungeschönt wiederzugeben. Im Unterschied zu Millets *Ährenleserinnen* verbindet Liebermann mit der Darstellung seiner kartoffelnlesenden Bauernfamilie weder soziale Anklage noch Heroisierung der Arbeitswelt. Seine Bilder enthalten sich jeden Kommentars. Er beobachtet Vorgänge, erkennt Zusammenhänge, zeigt das Schwere der körperlichen Arbeit der Bauern, Fischer oder Seiler, aber auch die Schönheit der Natur, die sie umgibt und die Würde, Sicherheit und ruhige Kraft in ihren Gesten und Bewegungen. Sein Blick und seine künstlerische Handschrift sind unbeeinflusst von Idealen oder Forderungen, die andere Künstler mit ihren Bildern verbinden. Er zeigt, was er sieht. Nicht ungefiltert oder ohne eigene Erkenntnis, denn das macht für ihn das Wesen der Kunst aus – die eigene Sicht auf das Erlebte, die der Künstler in sein Werk einfließen lässt, aber ohne vorgefertigte Theorie, ohne die Absicht einer bestimmten Wirkung.

Das, was die persönliche Zutat des Malers zu dem vor der Natur entstandenen Werk ist, nennt Liebermann »die Phantasie«. Er gebraucht das Wort nicht im herkömmlichen Sinn als Vorstellungskraft, sondern als den ganz eigenen Blick des Künstlers auf die Welt: »Was jeder Künstler an der Natur heraussieht, ist das Werk seiner Phantasie.«

In seinen Schriften zur Kunst, die seit den 1890er Jahren entstehen, wird Liebermann nicht müde, genau diesen Unterschied zwischen »sehenden« und »denkenden« Malern zu betonen: »Das Unsichtbare sichtbar zu machen, das ist was wir Kunst nennen. Ein Künstler, der darauf verzichtet, das Unsichtbare, das was hinter den Erscheinungen liegt – nennen wir es Seele, Gemüt,

Leben – vermittelst seiner Darstellung der Wirklichkeit auszuwirken, ist kein Künstler. Aber der Künstler, der auf die Darstellung der Erscheinung verzichten wollte zugunsten einer stärkeren Auswirkung seines Empfindens, ist ein Idiot. Denn wie soll das Übersinnliche ohne das Sinnliche begriffen werden?«

Die Kunst hat sich bekanntlich in eine andere Richtung entwickelt – das Sichtbarmachen des Unsichtbaren bleibt keineswegs auf die Wiedergabe der natürlichen Erscheinung beschränkt, aber für Liebermann ist die Erkenntnis der Dinge bis zuletzt an ihre Erkennbarkeit gebunden.

So klar seine Erkenntnisse und seine Einstellung zur Kunst sind, so klar sind auch seine Worte. Unnötige Rücksichten oder irgendeine Form von Sentimentalität sind das Letzte, was man Liebermann nachsagen kann. Seine Offenheit bis hin zur Schnodderigkeit war unter seinen Zeitgenossen ebenso berühmt wie berüchtigt.

Eine Hinwendung zur Darstellung arbeitender Menschen aus dem Gefühl einer sozialen Verantwortung oder des Mitleids für deren schweres Los scheint für die Person Max Liebermanns nicht denkbar. Obwohl er noch als alter Mann seine Sympathie für Ferdinand Lasalle, den Gründer des Allgemeinen Deutschen Arbeitervereins, bekundet, versteht er sich doch zeitlebens als unpolitischen Künstler, für den die Politik »eine Kunst wie jede andere, die ernsthafte Studien verlangt«, ist. Leidenschaft gehört nicht zu seinen Eigenschaften, sein Merkmal ist vielmehr eine gehörige Portion Nüchternheit, die man den Preußen, wie er mit Leib und Seele einer ist, von jeher nachsagt.

Im Pariser Atelier entstehen im folgenden Jahr zwei Bilder, welche die wesentlichen Themen Liebermanns in dieser Zeit enthalten: *Arbeiter im Rübenfeld* und *Die Geschwister*. Eine erste, später übermalte Fassung der *Arbeiter im Rübenfeld* hatte er noch in Weimar begonnen. Unter dem Eindruck von Barbizon greift Liebermann das Thema erneut auf – ein Vorgang, der charakteristisch ist für seine Kunst. Auch in späteren Jahren nimmt er häufig bereits verwendete Motive wieder auf, wiederholt und variiert sie mit größeren oder kleineren Abweichungen zum »Original«.

Mit den Erfahrungen der letzten Jahre wendet sich Liebermann erneut der Gestaltung einer größeren Gruppe arbeitender Menschen zu und beherrscht jetzt das schwierige Problem, neun Figuren sinnvoll in das Bildformat von 1 x 2 m einzufügen.

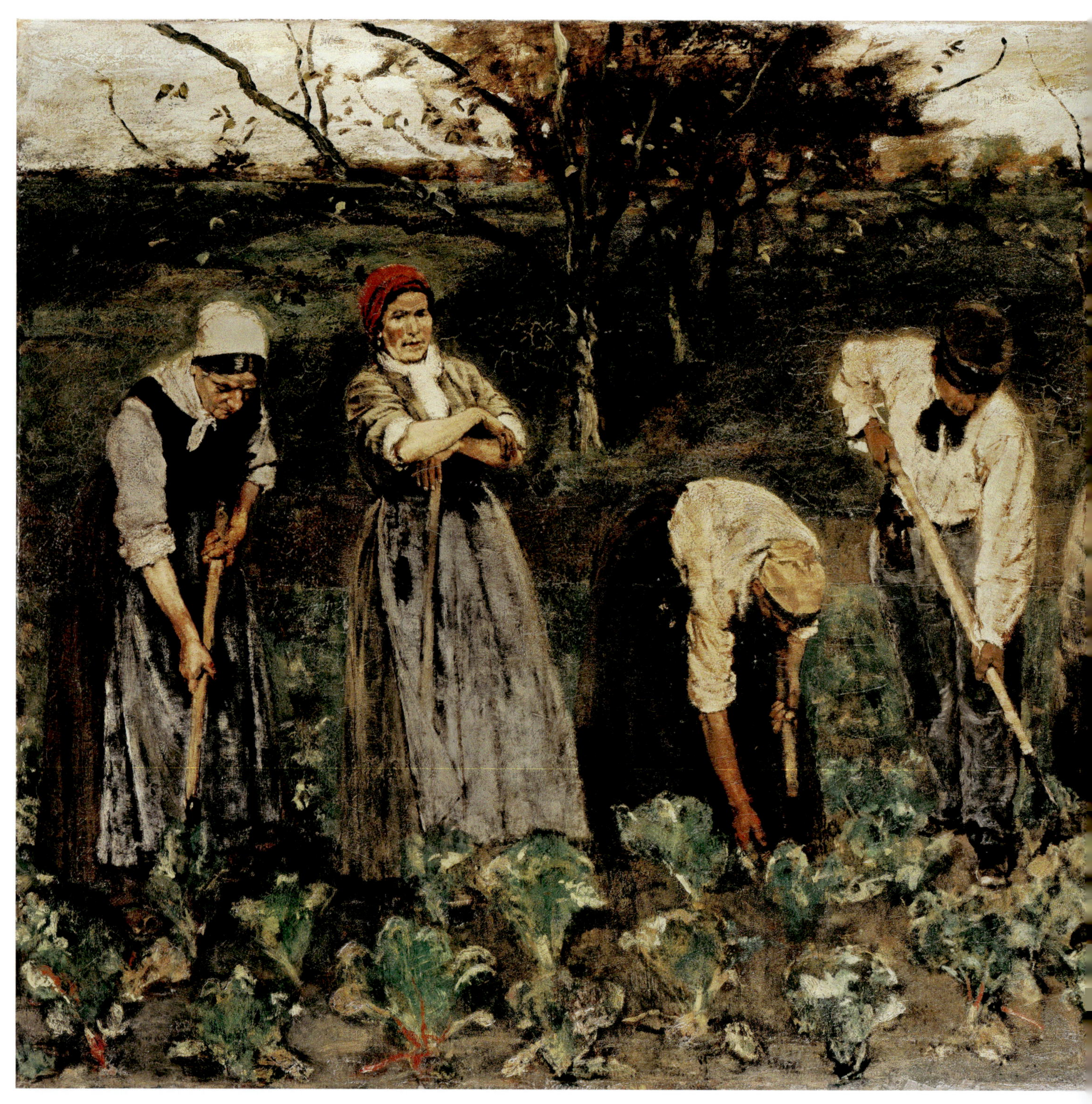

Arbeiter im Rübenfeld
1876, Öl auf Leinwand, 98,8 x 209 cm, Niedersächsisches Landesmuseum, Landesgalerie, Hannover

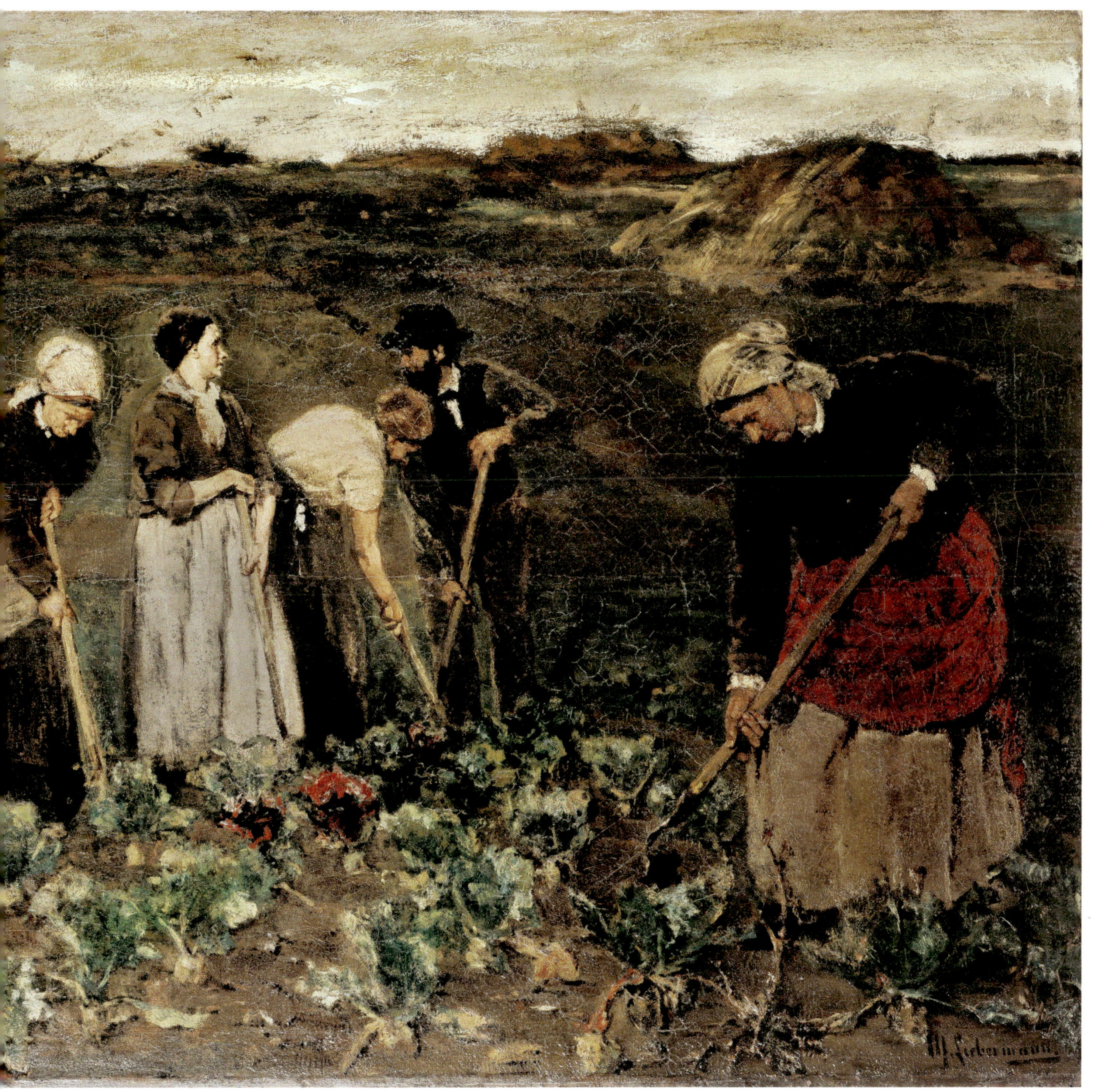
M. Liebermann

Im *Rübenfeld* wird der Unterschied zwischen Liebermann und Millet besonders deutlich. Vom »heiligen Ernst der Erde«, von Weihe oder Religiosität ist bei Liebermann nichts zu spüren. Die Menschen stehen eng beieinander, raumgreifende Gesten sind dadurch nicht möglich. Ihre Blicke sind ganz auf das Tun ihrer Hände gerichtet. Raumtiefe erzeugt der Maler in dem friesartigen Querformat durch die in den Hintergrund führende Baumreihe und die parallel dazu verlaufenden Ackerfurchen. Auch die Art der dargestellten Tätigkeit verweigert sich jeder »höheren Bedeutung«. Es wird weder Aussaat noch Ernte gezeigt, sondern nur das wenig bedeutungsschwere Unkrauthacken. Die Würde der arbeitenden Menschen, ihr Selbstbewusstsein, die Hinwendung zu ihrer Tätigkeit sind wesentliche Elemente in Liebermanns Arbeitsdarstellungen. Das massenhafte, vom Arbeitszusammenhang einer sinnvollen und komplexen Tätigkeit entfremdete Industrieproletariat hat für ihn keinen Reiz. Er ist auf der Suche nach dem ganz mit seiner Tätigkeit im Einklang stehenden Arbeiter des vorindustriellen Zeitalters. In Liebermanns preußisch geprägtem Verständnis ist die Arbeit der Schlüssel zum Glück. So, wie er selbst durch unermüdliches Tätigsein das Maximum aus seinem Talent herausholt, ist es die einfache, unmittelbar auf den Zweck des Lebensunterhalts gerichtete Arbeit, die er zum Thema seiner Bilder macht.

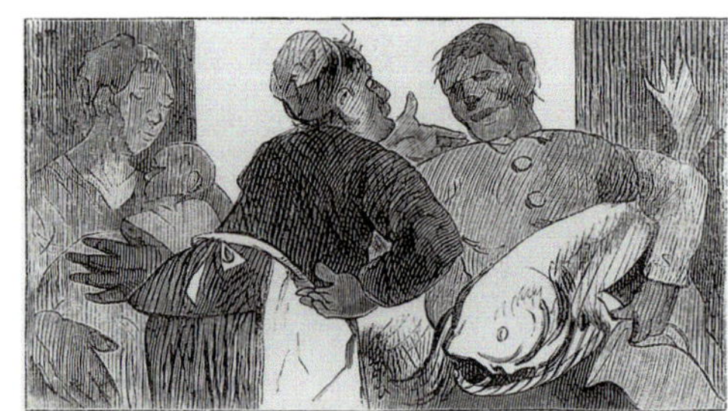

Karikatur aus dem Kladderadatsch, 1877: »Liebermanns Modelle vor der Erfindung der Seife«

Im Sommer des Jahres 1875 hält sich Liebermann wieder für einige Wochen in Holland auf und nutzt die Zeit nicht nur für Studien nach der Natur, sondern vor allem für Kopien nach Werken von Frans Hals (1582/83–1666). Von seinem Quartier in Zandvoort ist es nicht weit nach Haarlem, wo er im Frans-Hals-Haus reichlich Material für seine Studien vorfindet. Der Einfluss des holländischen Meisters der einfühlsamen und lebendigen Menschendarstellung auf Liebermanns Kinderbildnisse und Porträts ist unübersehbar. Für das Dresdner Gemälde *Spielende Kinder* existieren zahlreiche Vorstudien, in denen Liebermann die Kinder in unterschiedlichen Positionen gruppiert. Im endgültigen Bild rückt der Maler dicht an sein Motiv heran. Die Kinder sind ganz in das gemeinsame Spiel mit einer Puppe versunken. Das ältere Mädchen zeigt dem kleinen Jungen das Spielzeug, der wohl mit seinen kleinen Händen danach greifen möchte, es aber noch nicht festhalten kann. Die Gesichter der beiden Kinder sind von Liebermann einfühlsam, aber ohne Sentimentalität wiedergegeben.

Frans Hals, *Drei Kinder mit einem Ziegenwagen*, um 1620, Öl auf Leinwand, 152 x 107,5 cm, Musées Royaux des Beaux-Arts de Belgique, Brüssel

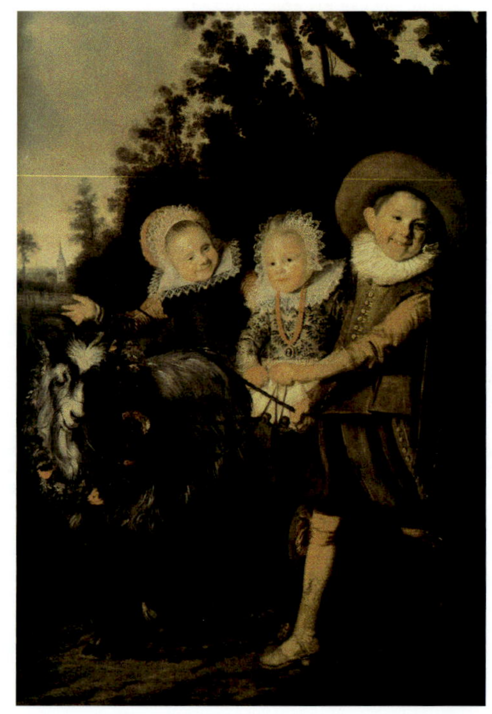

Bei seinen Zeitgenossen stößt Liebermann mit der Veröffentlichung seiner Kinderbilder auf eine fast schon stereotype Ablehnung. Für das heute

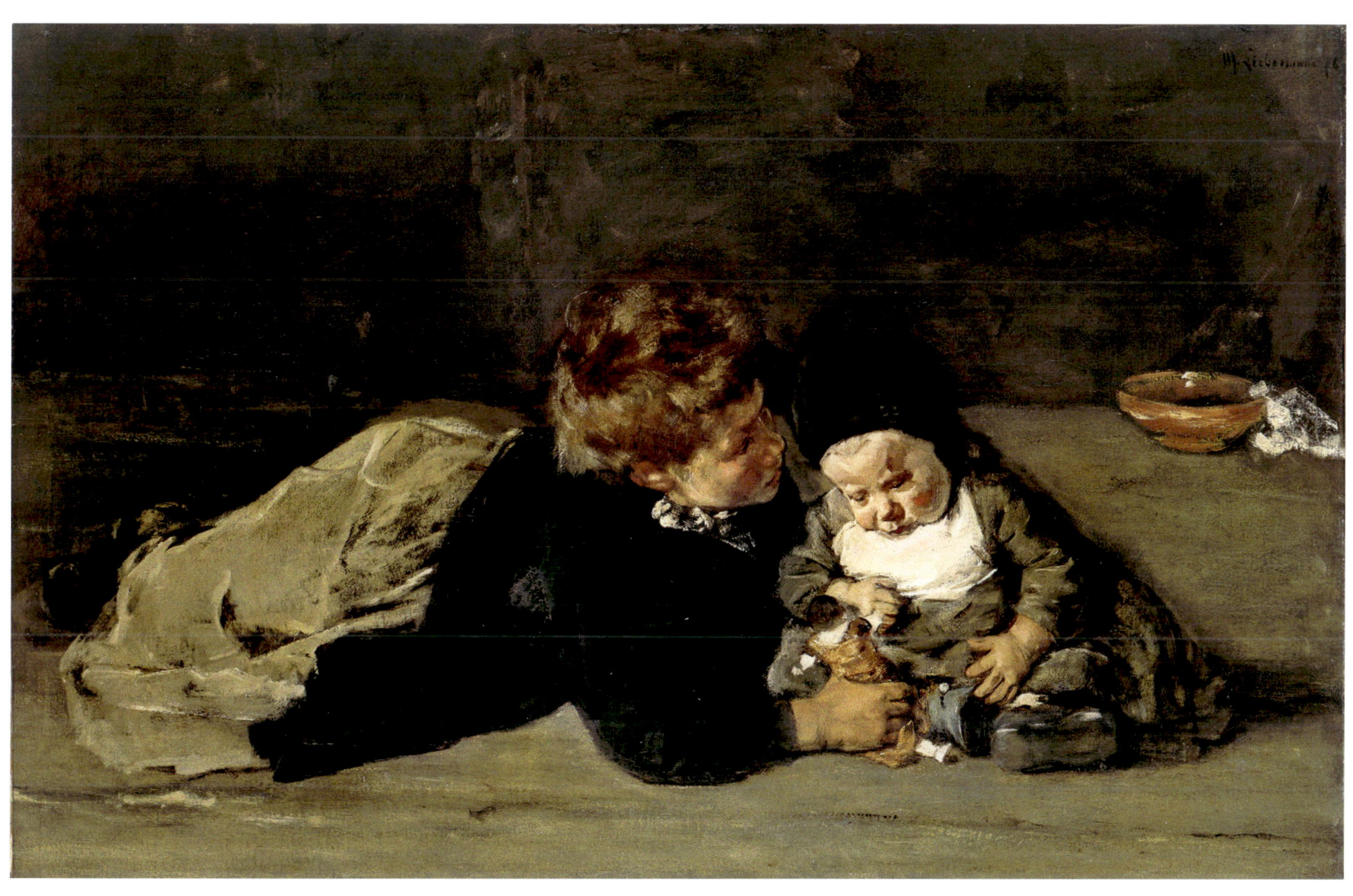

Spielende Kinder
1876, Öl auf Leinwand, 81 x 124 cm, Staatliche Kunstsammlungen Dresden, Gemäldegalerie Neue Meister

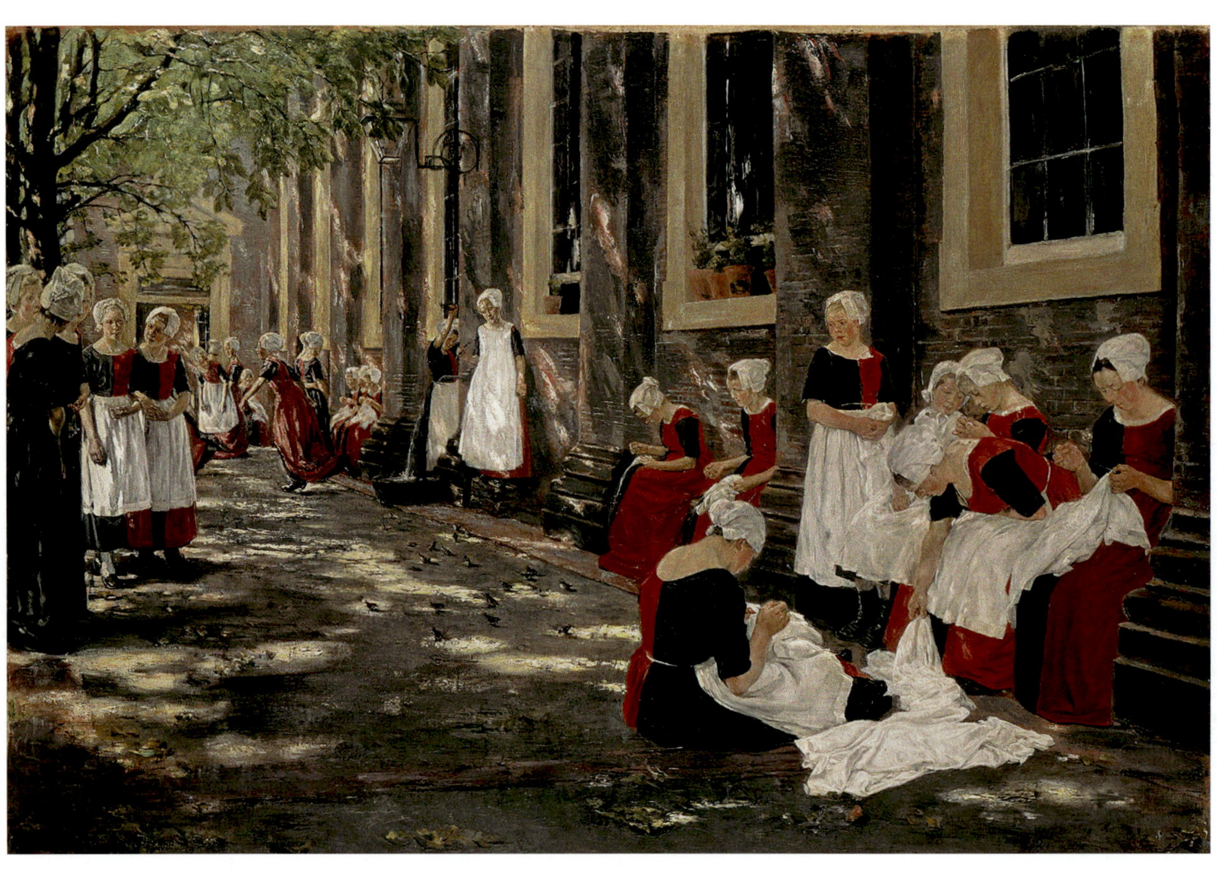

Freistunde im Amsterdamer Waisenhaus
1882, Öl auf Leinwand, 78,5 x 107,5 cm, Städel Museum Frankfurt a. M.

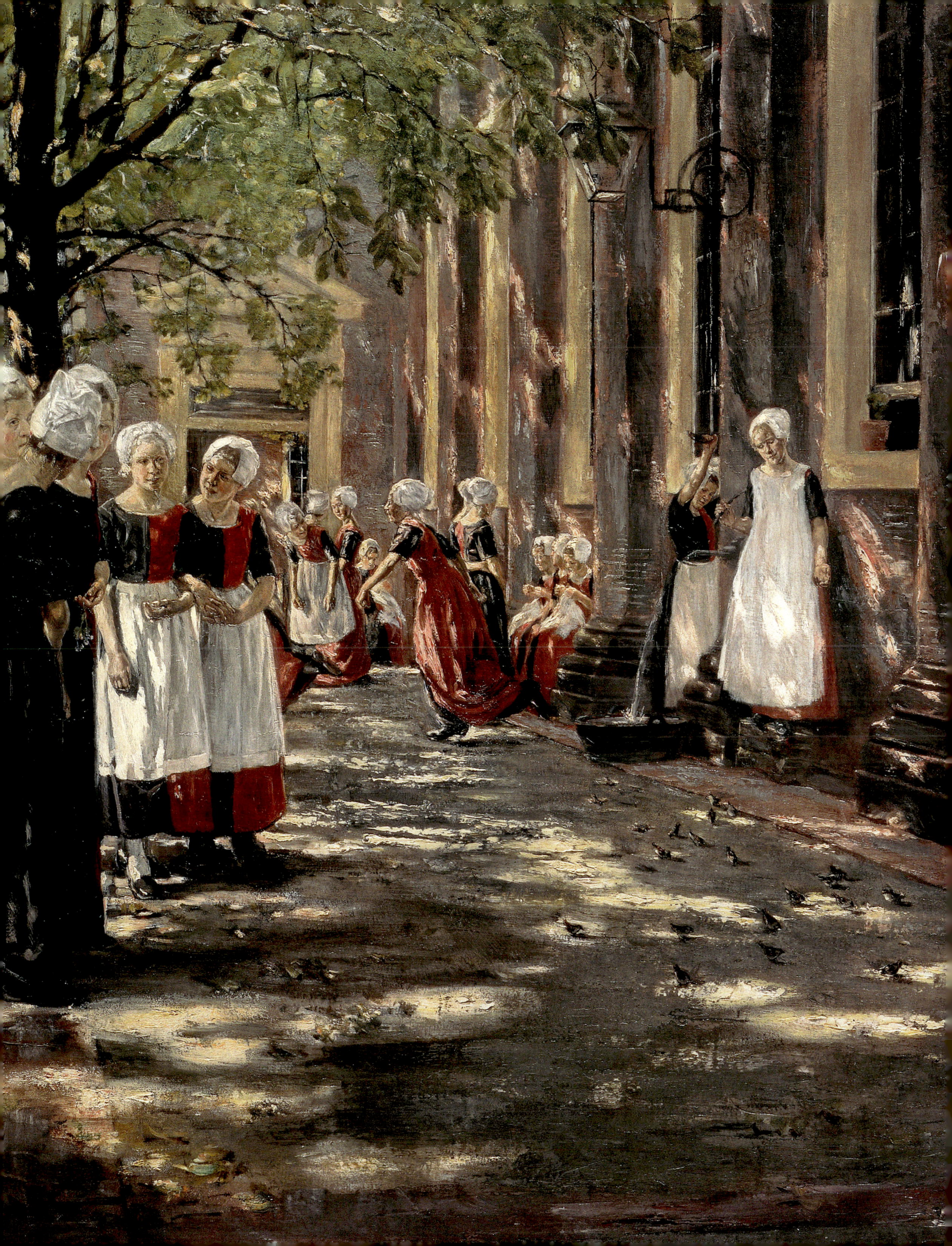

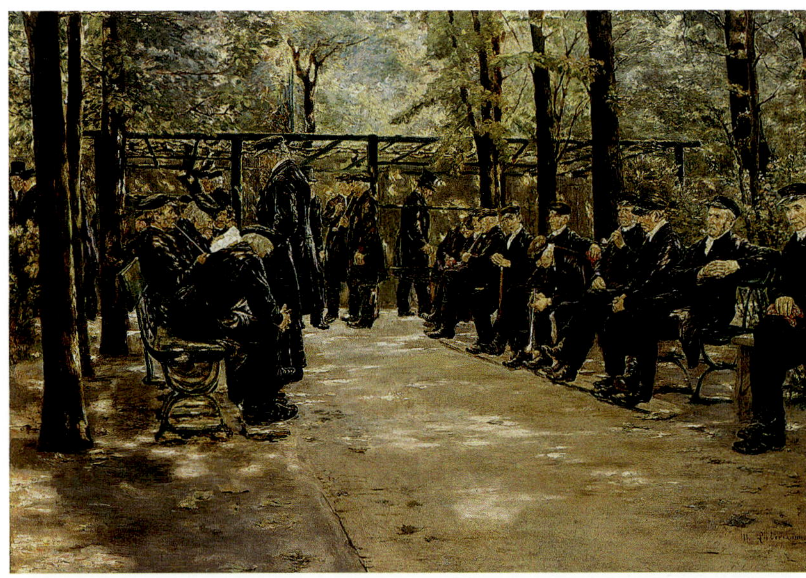

Altmännerhaus in Amsterdam, 1881, Öl auf Holz, parkettiert, 55,3 x 75,2 cm, Privatbesitz, Deutschland

verschollene Gemälde *Die Geschwister – Die ältere Schwester*, das die spielenden Kinder in veränderter Pose zeigt, erntet der Maler wütende Kritik, die vor allem auf seine »schmutzigen Farben« zielt: »Das andere Bild zeigt ein Paar ›Geschwister in Lebensgröße‹, [...] und beide wohl geeignet, dem Petri'schen Verfahren zur Herstellung von Fäcalsteinen einen neuen Impuls zu geben.« In den nächsten beiden Jahren reist Liebermann im Sommer wieder nach Holland, um dort Skizzen vor der Natur zu machen, die er im Winter im Pariser Atelier ausarbeitet. Ein Prinzip, das er über Jahrzehnte beibehalten wird: »Seitdem reise ich jeden Sommer nach Holland zu mehrmonatigem Aufenthalt und nehme meistens Motive von dort.« Die Motive, die er in diesem Jahr »von dort nimmt«, sind Studien aus dem Amsterdamer Mädchenwaisenhaus. Durch Vermittlung eines Kunsthändlers darf Liebermann mit einer Sondergenehmigung im Hof des Waisenhauses skizzieren. Die farbenkräftige Tracht der Mädchen – rotschwarze Kleider, weiße Hauben und Schürzen – fasziniert den Maler ebenso wie die Ruhe und Konzentration, mit der sie ihren Handarbeiten nachgehen und inspirieren ihn zu einigen seiner schönsten Bilder, wie die *Freistunde im Amsterdamer Waisenhaus* oder die *Nähschule im Amsterdamer Waisenhaus*. Bei seinen Modellen bedankt sich der Maler nach getaner Arbeit mit einer kleinen Spende für eine Leckerei, und das Protokoll im Amsterdamer Stadtarchiv vermerkt, dass die Mädchen zu Johannisbeeren mit Zucker eingeladen werden.

Die ausgeprägte soziale Verantwortung der holländischen Bürgergesellschaft und die gut organisierte Betreuung aller Hilfsbedürftigen in Waisen- und Altenhäusern beeindrucken den Künstler sehr, und häufig hat er Motive aus diesen Einrichtungen in seinen Bildern verwendet. Eines der beeindruckensten Beispiele ist das *Altmännerhaus in Amsterdam*. In diesen Bildern treffen für Liebermann die beiden Gründe zusammen, die Holland für mehr als 40 Jahre zu seiner »Malheimat« werden lassen. Nicht nur die für ihn so überaus reizvolle, ursprüngliche Landschaft regt seine Lust zum Schaffen immer wieder an: »Mit Recht hat man Holland das Land der Malerei par excellence genannt, und es ist kein Zufall, daß Rembrandt ein Holländer war. Die Nebel, die aus dem Wasser emporsteigen und alles wie mit einem durchsichtigen Schleier umfluten, verleihen dem Land das spezifisch Malerische; [...] alles erscheint wie in Licht und Luft gebadet. Dazu die Ebene, die das Auge meilenweit ungehindert schweifen läßt, und die mit ihren Abstufungen vom kräftigsten Grün im Vordergrund bis zu den zartesten Tönen am Horizont für die Malerei wie geschaffen erscheint. [...] Und wie das Land so seine Leute: nichts Lautes, keine Pose oder Phrase.«

Als Gegensatz zu dem, was Holland so anziehend für ihn macht, erscheint dem jungen Maler Paris. Die Pariser Zeit beurteilt sein Biograph Hancke im Rückblick als unglücklich, geprägt von seelischen Kämpfen und Depressionen. Die Großstadt Paris mit ihren modernen Vergnügungen, mit Varietés, Theatern und Bällen bietet dem Künstler kein Motiv. Lediglich zwei Skizzen mit Szenen aus dem Jardin du Luxembourg und dem Balllokal »Folies-Bergère« lassen sich für diese Zeit nachweisen. Seine Bilder werden zwar auf den alljährlich stattfindenden Pariser Salons mit deutlich mehr Wohlwollen beurteilt als in Deutschland, aber dauerhaften Zugang zum Pariser Künstlerkreis findet er nicht. Am Ende seiner Pariser Zeit, im Sommer 1878, reist Liebermann über Tirol nach Venedig. Dort trifft er mit dem Münchner »Malerfürsten« Franz von Lenbach (1836–1904) zusammen, der ihm rät, nach München, in die damalige deutsche »Kunsthauptstadt« überzusiedeln, was Liebermann kurzentschlossen noch im Dezember desselben Jahres tut. In Venedig fertigt er in der alten sephardischen Synagoge der spanischstämmigen Juden, tief berührt von der eigentümlichen, weltabgewandten und vergeistigten Atmosphäre, zahlreiche Skizzen vom Innenraum an. Im Münchner Atelier entsteht daraus in den folgenden Monaten eines seiner bekanntesten und umstrittensten Bilder: *Der zwölfjährige Jesus im Tempel unter den Schriftgelehrten*. Das Bild wird im Sommer 1879 auf der 3. Internationalen Kunstausstellung in München der Öffentlichkeit präsentiert und provoziert einen Skandal, der zu einer mehrtägigen Debatte im Bayerischen Landtag führt, wo das Werk als »gemein, niedrig und blasphemisch« verurteilt wird. Die wütende Kritik löst eine antisemitische Hetzkampagne gegen den Künstler aus, die sich hauptsächlich daran entzündet, dass ein jüdischer Maler sich des Christen Jesu bemächtigt und einen »struppigen Judenbengel« daraus macht. Die wütenden Angriffe sind angesichts der Darstellung nur schwer nachvollziehbar, denn auf dem Bild ist keineswegs der von der Kritik so heftig attackierte barfüßige, dunkelhaarige Bub mit jüdischen Gesichtszügen zu sehen, sondern ein sauber gekämmtes, engelsgleiches Kind im weißen Kittelchen, das Knabe wie Mädchen gleichermaßen darstellen kann. Nach neueren Untersuchungen überarbeitet Liebermann das Bild stark, bevor er es seinem Malerfreund Fritz von Uhde (1848–1911) schenkt, wobei die größten Veränderungen die Figur des Jesus betreffen. So wurde aus dem ursprünglich jüdisch charakterisierten Jungen das mehr den allgemeinen Vorstellungen entsprechende blonde Kind. In einem Brief an Alfred Lichtwark weist Liebermann darauf hin, dass er bewusst keine jüdischen Modelle gewählt habe: »Die Modelle nahm ich aus den christlichen Münchner Spitälern. [...] Die Juden schienen mir zu charakteristisch; sie verleiten zur Karikatur. [...] Der Jesus ist nach einem italienischen Modell gemalt.« Doch alle Sorgfalt bei der Auswahl der Modelle nützte nichts, das Bild gilt im Urteil der Kunstkritik als ein weiterer Beweis für Liebermanns »Schmutzmalerei«. Anders fällt das Urteil seiner Münchner Malerkollegen aus. Die Jury der Ausstellung, darunter Lenbach und Kaulbach, ist von dem Meisterwerk begeistert. Der Maler Wilhelm Leibl (1844–1900) bietet Liebermann sogar Verteidigung gegen seine Angreifer an: »Ich bin der Leibl, ich habe gehört, daß Sie soviel Unannehmlichkeiten wegen ihres Bildes auszustehen haben, es ist ein ausgezeichnetes Werk, und wer Ihnen ein Haar krümmt, ich schlag ihn tot, den Hund.« Auf Einladung Leibls verbringt Liebermann einen Sommer in Etzenhausen, einem kleinen Dorf bei Dachau, in dem sich eine Künstlerkolonie etabliert hatte. Aber schon im folgenden Jahr nimmt Liebermann seinen gewohnten Rhythmus aus ausgedehnten sommerlichen Reisen nach Holland und der winterlichen Arbeit im Atelier wieder auf. In den kommenden Jahren entstehen nach holländischen Motiven einige seiner

Der zwölfjährige Jesus im Tempel unter den Schriftgelehrten
1879, Öl auf Leinwand, 149,6 x 130,6 cm,
Hamburger Kunsthalle

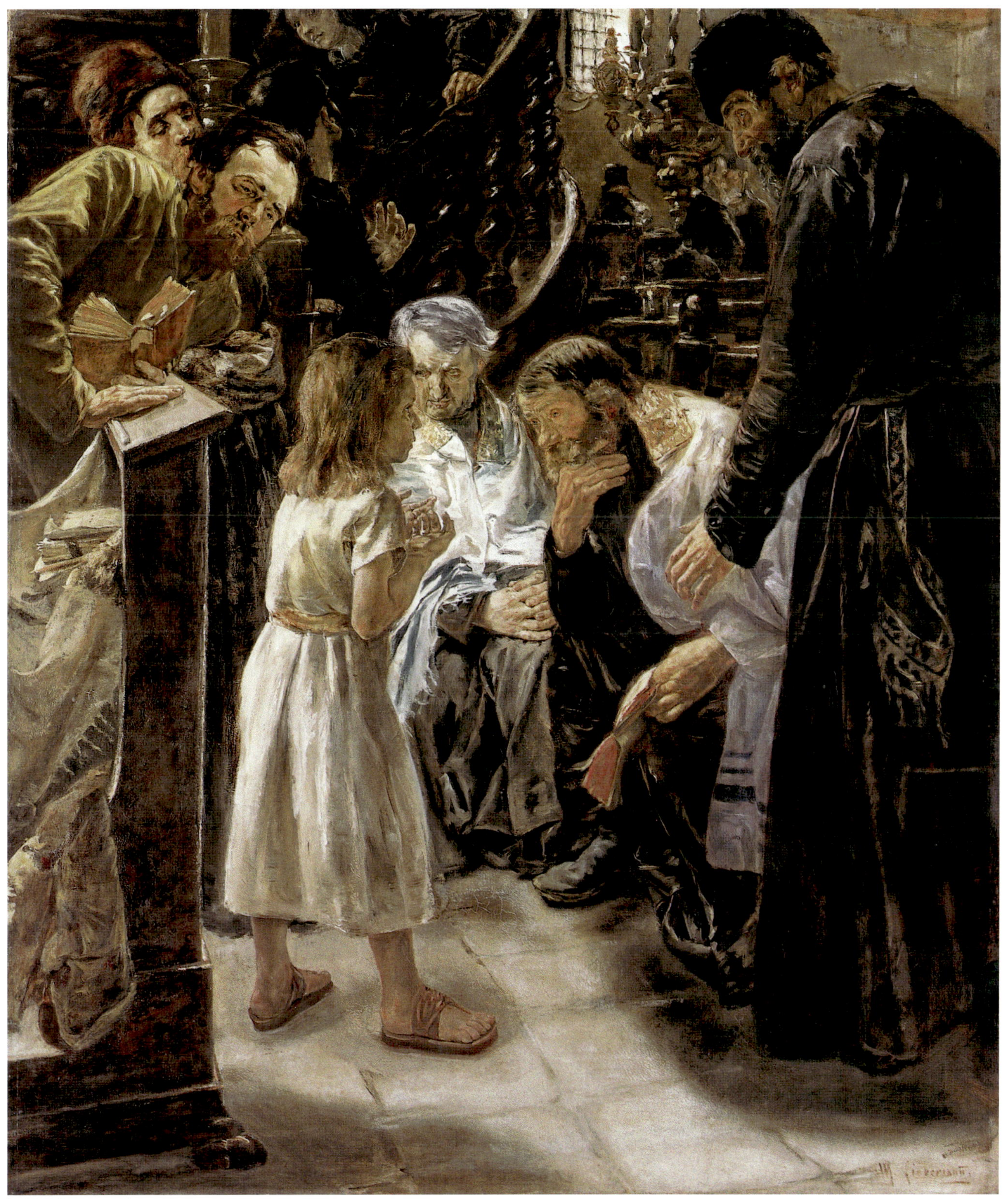

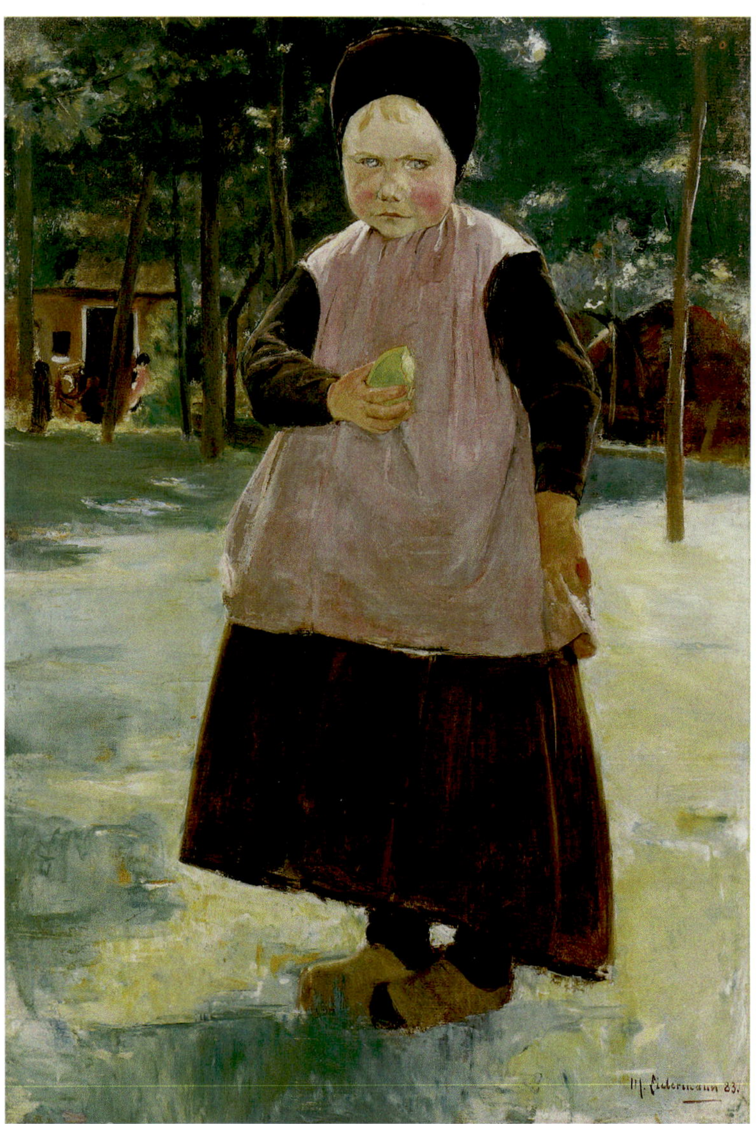

Eva
1882, Öl auf Leinwand, 95,3 x 67,2 cm, Hamburger Kunsthalle

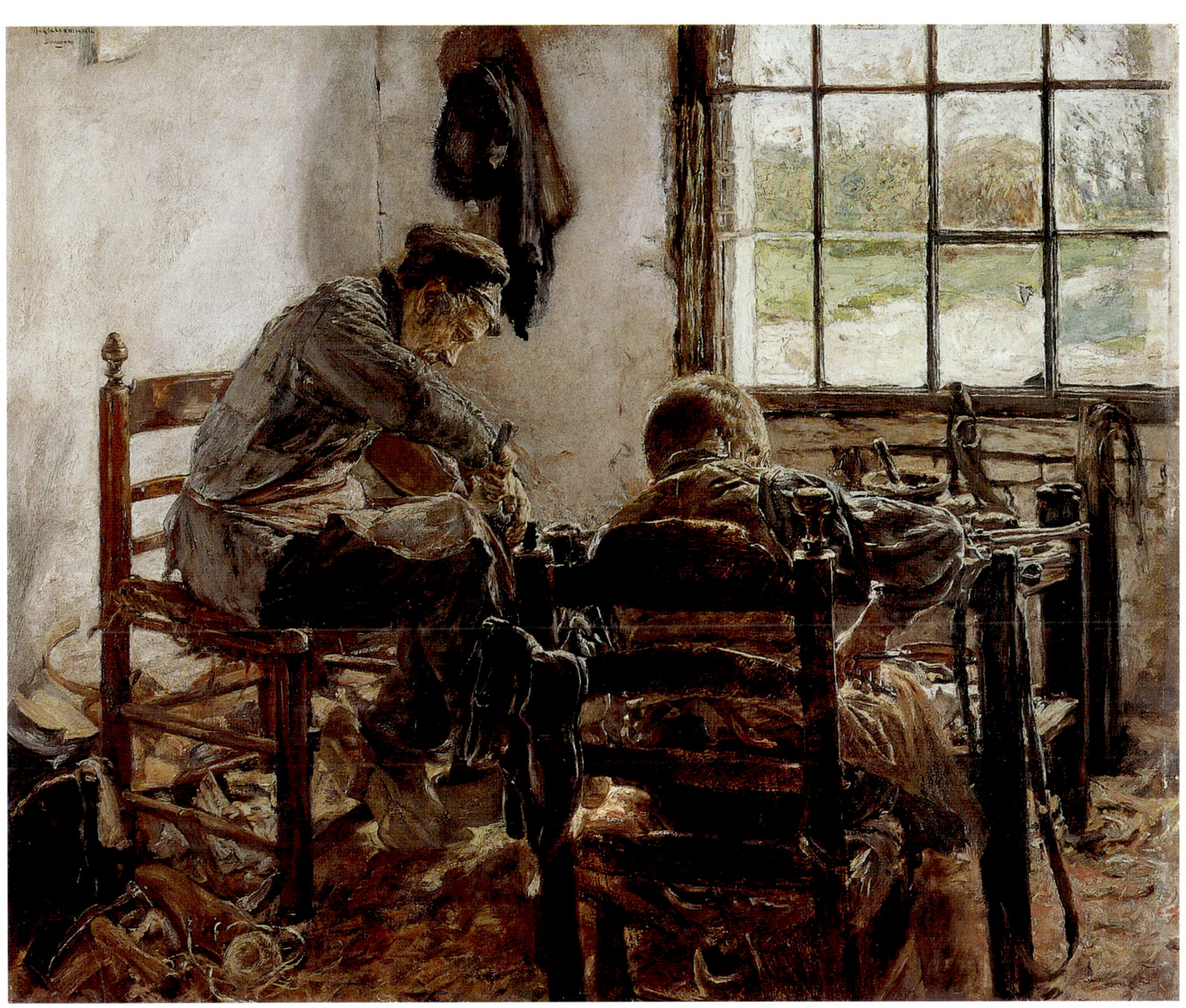

Schusterwerkstatt
1881, Öl auf Holz, 64 x 80 cm, SMB Alte Nationalgalerie

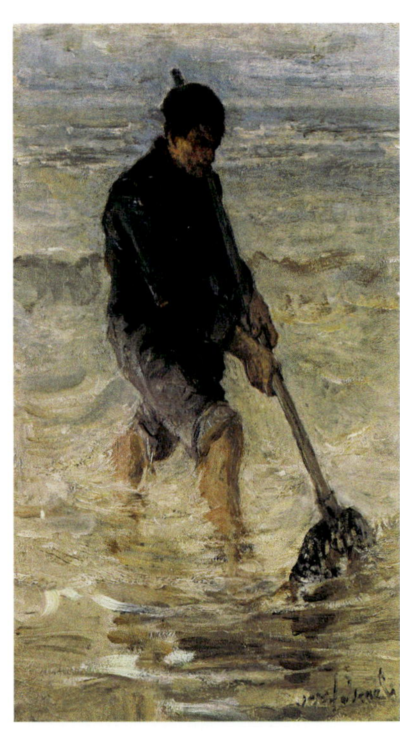

Jozef Israëls, *Krabbenfischer,*
Haags Gemeentemuseum, Den Haag

beliebtesten Bilder, wie *Stopfende Alte am Fenster* und *Schusterwerkstatt.* Langsam findet der Maler Bestätigung für seine Art der Darstellung: Beide Bilder sowie die *Freistunde im Amsterdamer Waisenhaus* werden 1881 bzw. 1882 auf dem Pariser Salon ausgestellt und verkauft.

Im holländischen Malurlaub macht Liebermann in dieser Zeit die Bekanntschaft des in seiner Heimat sehr bekannten Malers Jozef Israëls (1824–1911), mit dem ihn bis zu dessen Tod eine intensive Freundschaft verbinden wird, die auch Anregung für seine Kunst ist. Durch Israëls lernt Liebermann den Ort Zweelo in der Provinz Drenthe kennen, von dessen Schönheit und Ursprünglichkeit er sofort begeistert ist und der ihm Anregungen zu einigen seiner schönsten Werke gibt, *Die Rasenbleiche* und *Eva*. In beiden Bildern wird eine Veränderung in Liebermanns Malerei sichtbar, die sich schon in der *Freistunde im Amsterdamer Waisenhaus* und im *Altmännerhaus* angedeutet hat – das wechselnde Spiel von Licht und Schatten. Die Bildhintergründe waren bisher selbst bei Freilichtmotiven meist einheitlich und dunkeltonig. In den neuen Bildern wandern helle Lichtflecken über den grünen Rasen und Sonnenstrahlen setzen leuchtende Glanzpunkte. In der *Rasenbleiche* sind es noch die strahlend weißen Tücher auf dem kräftig grünen Rasen, die Farbe und Bewegung ins Bild bringen, in späteren Arbeiten übernimmt das Sonnenlicht diese Funktion. Liebermann findet hier die ideale Verbindung seiner wesentlichen Bildelemente: die ruhigen Bewegungen konzentriert arbeitender Menschen, eingebettet in die ihm so nahe und vertraute Landschaft der holländischen Provinz mit ihren schlichten, soliden Häusern, umgeben von fruchtbarem grünen Land. Ein Ort, der die von ihm gesuchte »Poesie des einfachen Lebens« verkörpert.

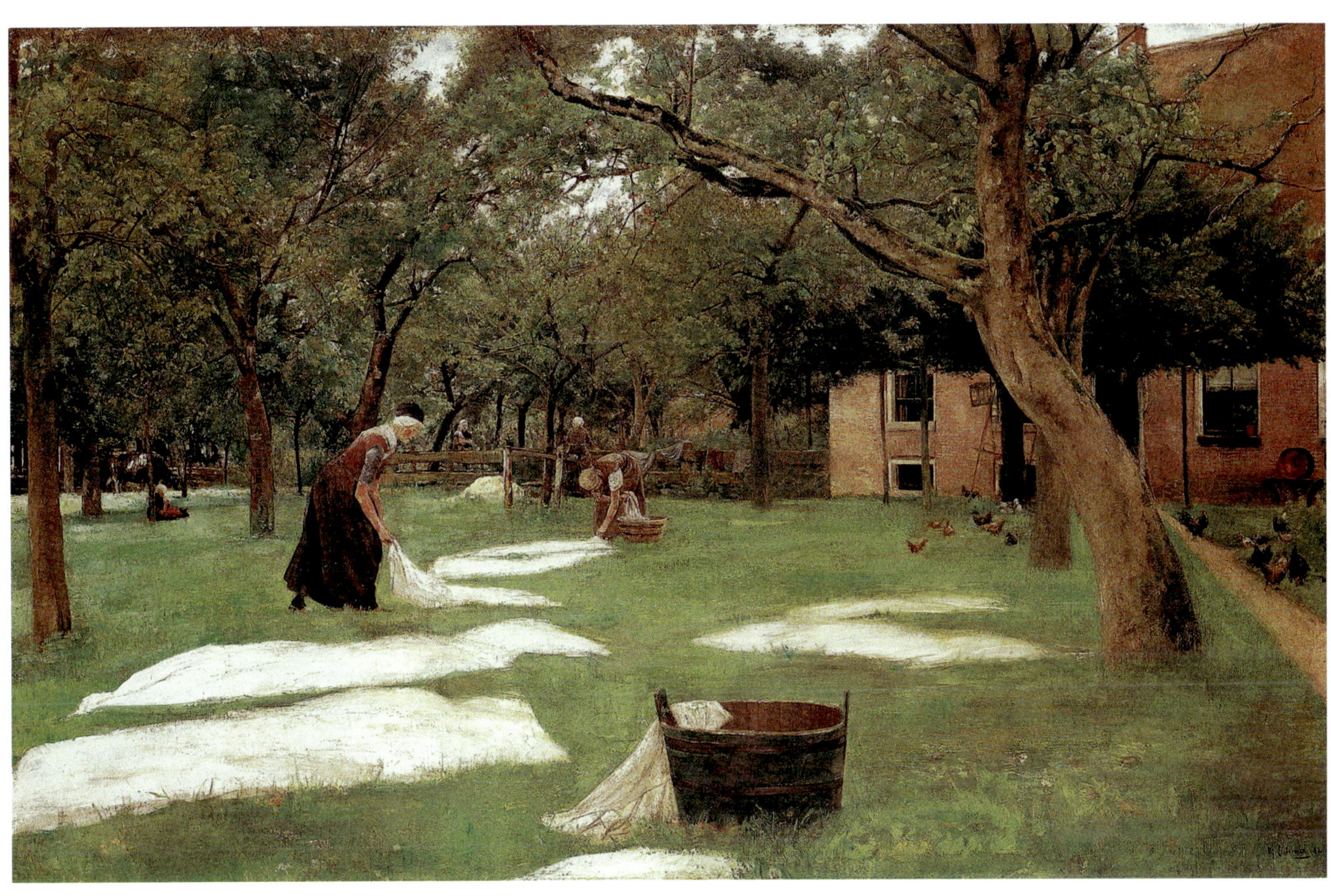

Die große Bleiche – Die Rasenbleiche
1883, Öl auf Leinwand, 109 x 173 cm, Wallraf-Richartz-Museum, Köln

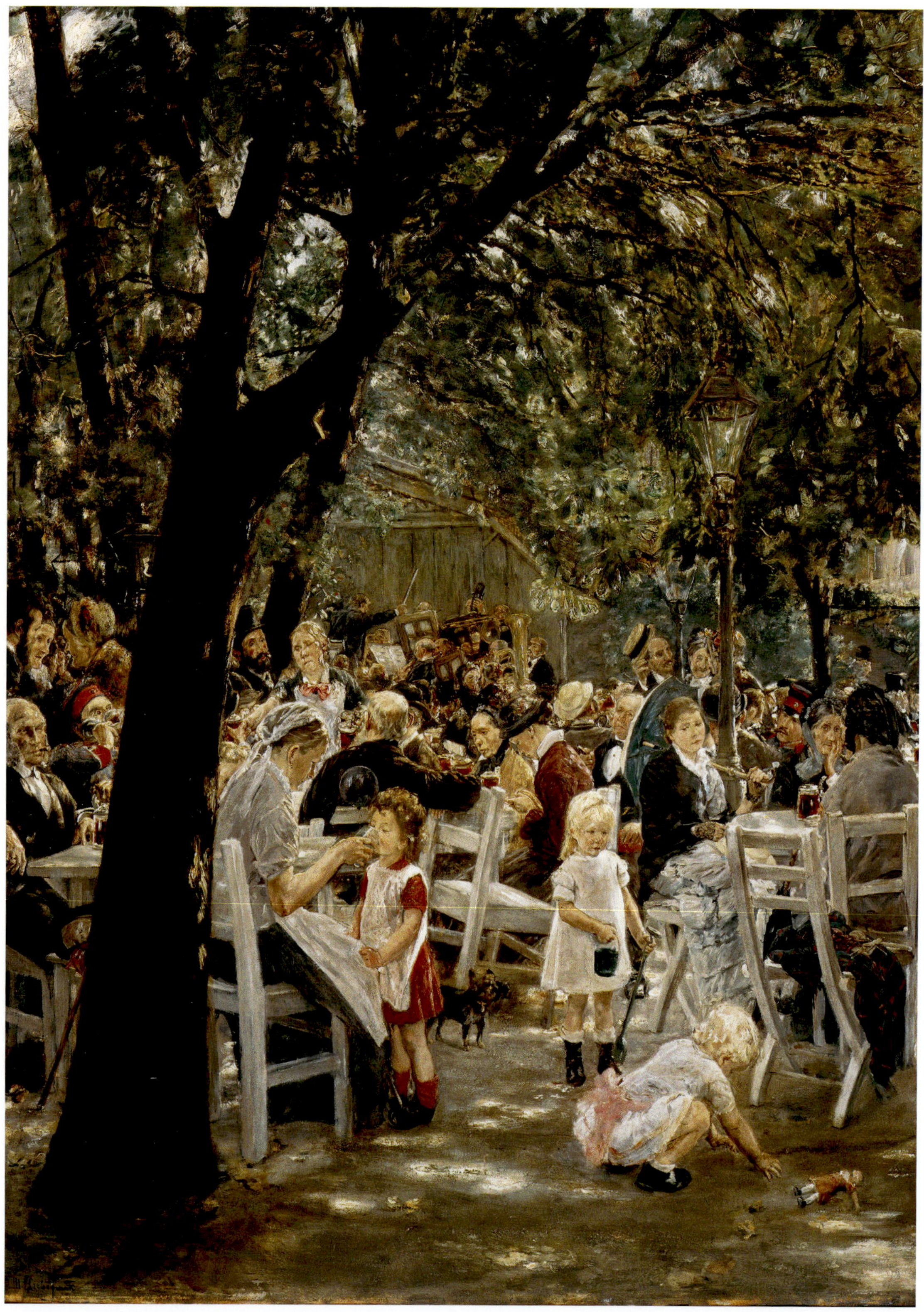

»Nicht das sogenannte Malerische, sondern die Natur malerisch aufzufassen ist's, was ich suche, die Natur in ihrer Einfachheit und Größe ohne Atelier- und Theaterkram und Hadern – das Einfachste und das Schwerste«, bekennt Liebermann 1889.

Eine Notiz Liebermanns zum Bild der Eva gibt einen interessanten Einblick in die Preisentwicklung seiner Bilder. In einem Brief an Alfred Lichtwark schreibt er 1913, »daß die Studie der ›Eva‹ wieder nach Hamburg verkauft wurde und zwar für den ansehnlichen Preis von 35.000 Mark. Ich verkaufte das Bild seiner Zeit an Pächter für M 200 oder einen japanischen Scherben.« Eine beachtliche Preisentwicklung. Mit dem Berliner Kunsthändler Pächter tauschte Liebermann häufig Bilder gegen Stücke aus dessen Kollektion asiatischer Keramik.

Im letzten Jahr des Münchner Aufenthalts 1883 arbeitet Liebermann an einem Bild, für das er ein lokaltypisches Motiv wählt – *Münchner Biergarten*. Für das lebhafte und außerordentlich figurenreiche Bild macht Liebermann den Sommer über zahlreiche Studien im Garten des Augustinerkellers. In seiner lockeren, leichten Malweise zeigt es ein Panorama quer durch alle Schichten der Münchner Gesellschaft, an einem schönen Sommertag bei Bier und Blasmusik vereint. Jede der Figuren ist genau erfasst und mit ganz persönlichen Zügen charakterisiert. Über der farbenprächtigen Szenerie spannt sich das grüne Blätterdach hoher Bäume, durch das Sonnenlicht in hellen Flecken dringt und ein lebhaftes Spiel aus Licht und Schatten auf das Bild wirft. Das Bild ist ein Wendepunkt in Liebermanns Kunst. Der französische Einfluss der impressionistischen Lichtmalerei wird deutlich spürbar, ohne dass der Maler seine ganz eigene, unanekdotische Sicht auf das Treiben um ihn herum aufgibt. Er bleibt seinem Motto treu: Nicht das malerische Motiv in der Umgebung suchen und abbilden, sondern das aus der Natur herausholen, was Kunst in ihr ist.

Mit diesem Bild gelingt Liebermann ein weiterer Schritt in Richtung allgemeiner Anerkennung. Nicht nur das französische Publikum ist von der Qualität seiner Malerei überzeugt, auch in Deutschland wird seine Leistung allmählich gewürdigt.

Münchner Biergarten – Garten des Augustinerkellers in München
1883/84, Öl auf Holz, 94,5 x 68,5 cm, Bayerische Staatsgemäldesammlung, Neue Pinakothek, München

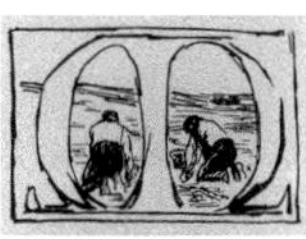

ax Liebermann heiratet am 14. September 1884 in Berlin die zehn Jahre jüngere Martha Marckwald, die Schwägerin seines Bruders Georg, der seit 1873 mit ihrer Schwester Else verheiratet ist. Martha Marckwald stammt wie Liebermann aus einer reichen jüdischen Familie, deren Wurzeln ebenfalls in Märkisch-Friedland liegen. Enge Kontakte zwischen den beiden Familien bestehen schon länger. Nach dem Tod von Marthas Vater übernimmt Louis Liebermann die Vormundschaft über die fünf Kinder.

Liebermann lässt sich nach 16 Jahren Wanderschaft von Weimar über Paris und München wieder dauerhaft in Berlin nieder. Über das Verhältnis des Ur-Preußen und eingefleischten Berliners Liebermann zu seiner Heimatstadt ist viel geschrieben worden. Es ist wie alles, was mit der Person Max Liebermann zu tun hat, nicht leicht zu fassen. Nach Haltung und Disziplin ist Liebermann ein »echter Preuße« – pünktlich (»Bei mir geht alles nach der Minute: Aufsteh'n – Frühstück, – Mittag, – Abendbrot. – immer pünktlich!«), fleißig, ordentlich. Berühmt ist er für seine treffsicheren Bonmots, die auch vorm Kaiser nicht haltmachten. Zur Anekdote wird sein Ausspruch »Der Kaiser wohnen uff det Ende von de Linden un der Liebermann wohne uff dies Ende von de Linden, un ebenso wie der Kaiser nich uff det Ende von de Linden rausjeht, jeht der Liebermann nich uff dies Ende von de Linden raus«, den er einem Abgesandten des Hofes mit auf den Weg gibt, als dieser im Auftrag des Kaisers Liebermann dazu bewegen will, die Zustimmung zum Abriss seines Palais am Pariser Platz zu geben – das Brandenburger Tor soll auf Wunsch des Kaisers nach dem Vorbild des Pariser Arc de Triomphe freistehen.

Den schnodderigen Berliner Dialekt setzt Liebermann gezielt ein. Böse Zungen behaupten, dass er »mit Gewalt berlinert«, eigentlich würde er ein ganz normales Hochdeutsch sprechen. Es zeigt viel von Liebermanns Einstellung zur gehobenen Gesellschaft, dass er bei seinen spitzzüngigen Bemerkungen Wert auf Originalton legt. In einem Gespräch mit dem Gründer des Jüdischen Museums in Berlin kommentierte er seine Schwierigkeiten bei der Bewältigung eines biblischen Themas mit den Worten: »[...] Aber es wird immer noch Nischt. Ick bin eben kein Jude, bloß so een oller Berliner.« Es entspricht wohl seiner distanzierten Art, dass er den Berliner Dialekt so gern gebraucht, weil er ihn schon durch seine völlig unsentimentale Ausdrucksweise davor bewahrt, Gefühl zu zeigen.

Alte Frau mit Ziegen
(Ausschnitt, vgl. S. 50)

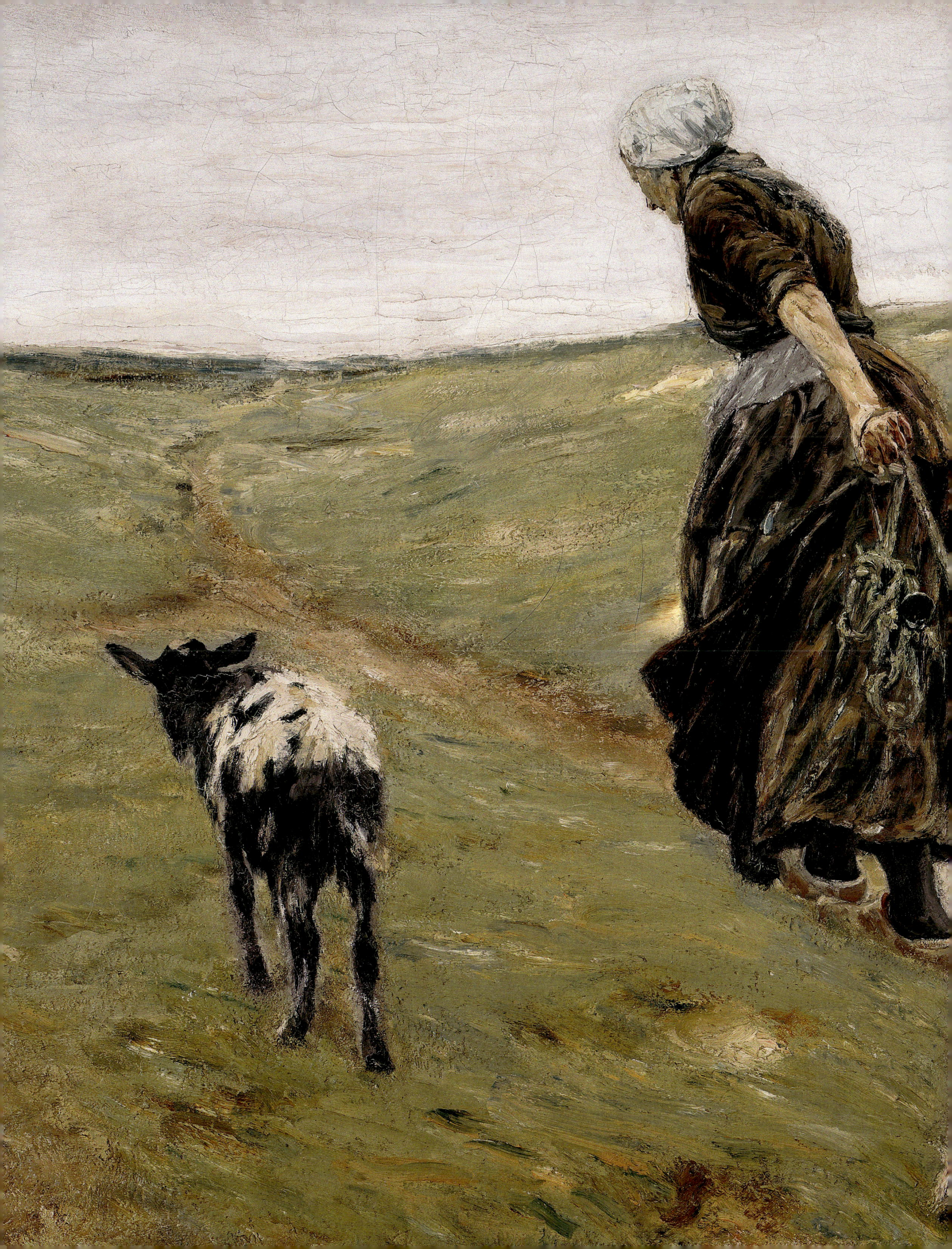

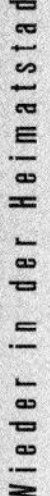

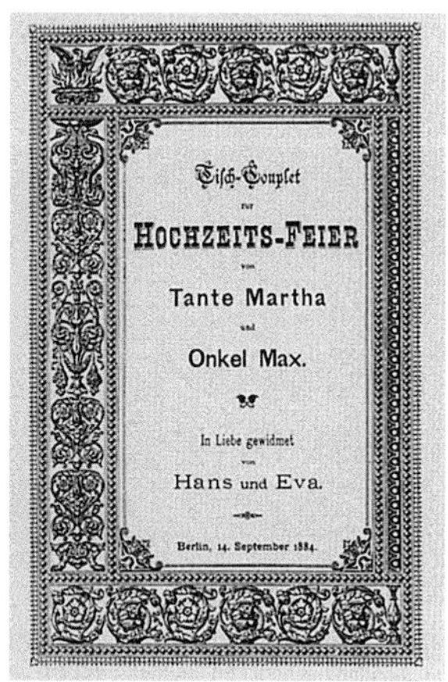
Tisch-Couplet
zur
HOCHZEITS-FEIER
von
Tante Martha
und
Onkel Max.

In Liebe gewidmet
von
Hans und Eva.

Berlin, 14. September 1884.

Tisch-Couplet von Hans und Eva Liebermann zur Hochzeit von Tante Martha und Onkel Max

In einem Gespräch mit Paul Eipper, dem Direktor des S. Fischer Verlags, fasst Liebermann sein Verhältnis zu Berlin in dem Satz zusammen: »Na, Sie wissen, ich liebe Berlin bis in die letzte Faser meines Herzens«, aber so deutlich hat er das selten gesagt. Motive für seine Bilder bot ihm die Heimatstadt nur ganz vereinzelt, und erst gegen Ende seines Lebens hat er im Garten seines Landhauses am Wannsee ein preußisches Pendant zu den holländischen Landschaftsmotiven gefunden.

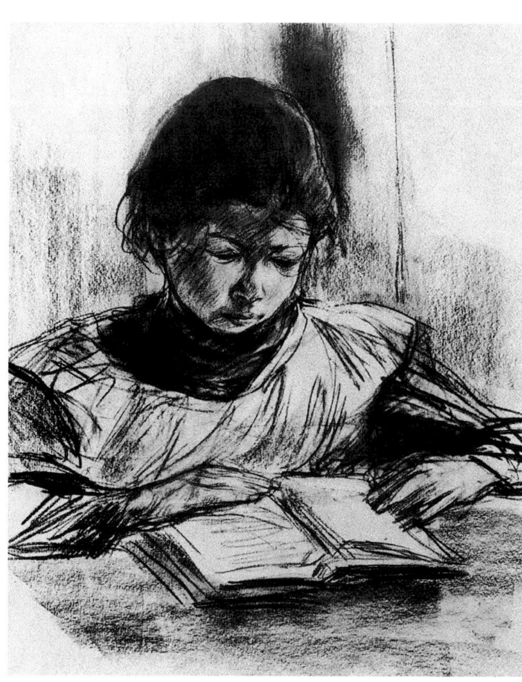

Tochter Käthe lesend, 1896, Kreidezeichnung, 34,6 x 28,3 cm, SMB Berlin

Bis kurz vor Ausbruch des Ersten Weltkriegs behält Liebermann den schon in Paris gefundenen Rhythmus aus sommerlicher Motivsuche in Holland und winterlicher Arbeit im Atelier bei. Im Jahr nach seiner Heirat, 1885, wird das einzige Kind des Ehepaars Liebermann geboren, die Tochter Käthe, deren Heranwachsen fortan vom stolzen Vater in diversen Zeichnungen festgehalten wird.

Die gesellschaftliche und künstlerische Situation, auf die Liebermann bei seiner Rückkehr nach Berlin trifft, ist widersprüchlich. Berlin ist das wirtschaftliche und politische Zentrum der Gründerzeit. Hier ist die Dynamik des Aufschwungs besonders deutlich zu spüren. Die Stadt wächst in rasantem Tempo und verändert beinahe täglich ihr Gesicht. Auch politisch ist Berlin das Zentrum des Deutschen Reiches, in dem sowohl der deutsche Reichstag wie der Kaiser seinen Sitz hat. Kulturell aber ist Berlin Provinz und hinter München deutlich zurückgeblieben. Die absolute Autorität im Berliner Kunstleben besitzt der Hofmaler und Direktor der Hochschule für die bildenden Künste, Anton von Werner (1843–1915), der darüber hinaus noch den Vorsitz des Vereins Berliner Künstler inne hat. In dieser Machtposition kontrolliert und reglementiert von Werner das künstlerische Leben der Stadt. Neben ihm gilt zwar auch Adolph Menzel als anerkannter Vertreter der Berliner Kunst, aber der eigenwillige und menschenscheue Künstler zeigt sich nur sehr ungern in der Öffentlichkeit und nimmt kaum Einfluss. Als Gegengewicht zum offiziellen, hauptsächlich vom Kaiserhof geprägten Kunstbetrieb entstehen allmählich private Galerien und Kunsthandlungen, die abseits des offiziellen Ausstellungswesens ein neues und interessantes Angebot internationaler Künstler offerieren. So zeigt bereits 1883 der Kunsthändler Fritz Gurlitt in den Räumen seines Kunstsalons erstmals eine Schau mit Werken der französischen Impressionisten. Die privaten Kunsthändler und -sammler spielen eine wichtige Rolle bei der Durchsetzung neuer Kunstrichtungen, die der in seinen veralteten Strukturen unbeweglich gewordene Kunstbetrieb nicht leisten kann. Bei der Eröffnungsveranstaltung des neuen Ausstellungsgebäudes der Königlichen Akademie der Künste 1886 ist Liebermann mit drei Gemälden vertreten, die vom Publikum positiv aufgenommen werden.

Die nächste Hollandreise führt Liebermann nach Laren, wo er den Maler Jan Veth (1864–1925) kennen lernt. Durch Veth findet er zu einem Motiv, das ihn zu einem seiner wichtigsten Werke inspiriert – die *Flachsscheuer in Laren*. Das Motiv des Flachsbrechens und -spinnens gehört in Holland zu den typischen handwerklichen Verrichtungen und war von Liebermann schon mehrfach in Skizzen festgehalten worden. Doch der Eindruck des lichtdurchfluteten Raumes, in dem die Frauen und Kinder in ihren traditionellen Kleidern locker gruppiert und ganz auf ihre mühsame Arbeit konzentriert sind, muss für den Maler Liebermann überwältigend gewesen sein und ihm sofort Motiv und Format eines großen Gemäldes vor Augen geführt haben. Das Echo der Kritik ist, wie häufig, deutlich zweigeteilt, aber neben den üblichen Anwürfen, der Künstler habe »Bauernweiber in verschlissenen Schürzen [...] mit Gesichtern, die Züge grämlichen Alters zeigen« gemalt, gibt es auch ernstzunehmende Kritiker, die den Wert des Gemäldes erkennen. Richard Muther, einflussreicher Kunsthistoriker, schreibt: »Das große Wort ›Ich arbeite‹, der Wahlspruch des 19. Jahrhunderts redet da laut zu uns. Das ist kein Bild, das ist eine Schöpfung.« In diesen Jahren ist die Arbeit das zentrale Thema im Werk Liebermanns. Der Maler zeigt sie weder als heroisches Schlachtfeld der Industrialisierung noch verdammt er sie als modernes Sklaventum der unteren Schichten. Er stellt die Arbeit als das dar, was sie in seinem Verständnis ist: etwas Notwendiges und Selbstverständliches. Arbeiten, Tätigsein, sich auf seine Weise auseinandersetzen mit der Welt und dadurch an ihr teilhaben und Einfluss nehmen, das war von Jugend an bis ins hohe Alter die Lebensmaxime des Malers. An den Bruder Felix schreibt er 1879, »denn da den Menschen einzig und allein die Arbeit glücklich machen kann, so scheint mir am wünschenswertesten, daß einem von der Vorsehung ein möglichst günstiges Terrain zur

Flachsscheuer in Laren
1887, Öl auf Leinwand,
135 x 232 cm, SMB Alte Nationalgalerie

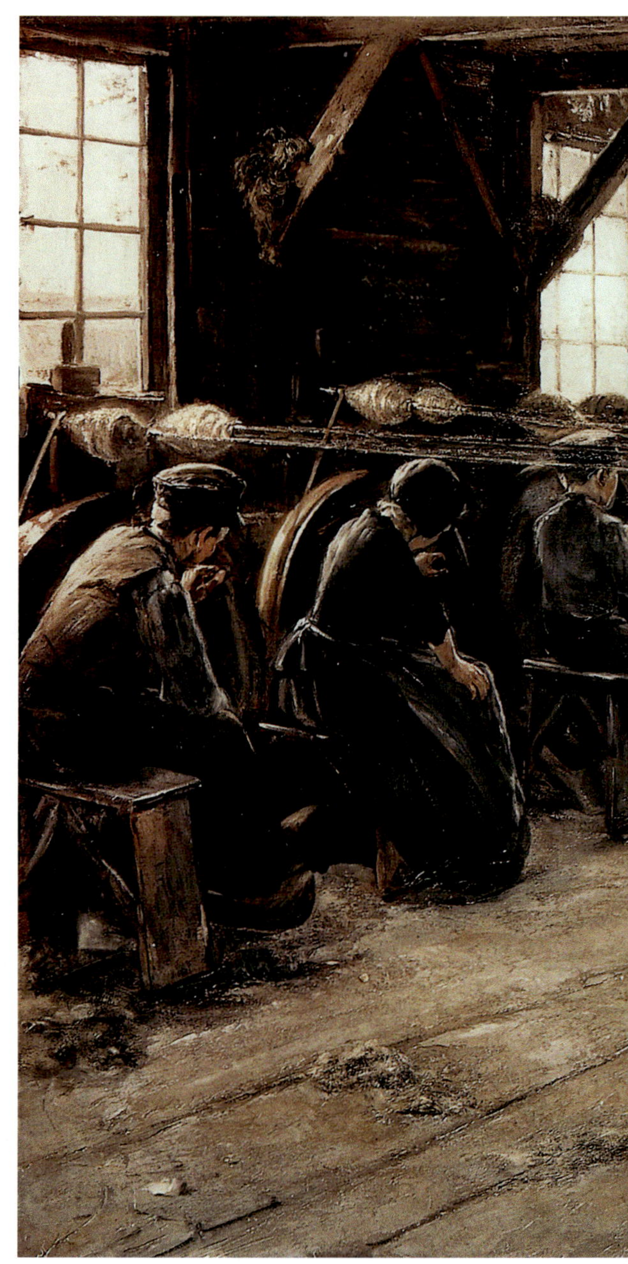

Arbeit gegeben wird [...].« Und noch in dem schweren Jahr 1933, als er in einem Brief an den Bürgermeister von Tel Aviv eingestehen muss, aus dem Traum der Assimilation erwacht zu sein, bleibt ihm ein Trost: »Doch lege ich die Hände nicht in den Schoss und wäre es nur, damit die Arbeit mir über die Zeit, die ich noch zu leben habe, hinweghilft.« Diesem Verständnis vom Wert der Arbeit hat Liebermann in den Jahren bis zur Jahrhundertwende in einigen seiner bedeutendsten Bilder Ausdruck gegeben, den *Netzflickerinnen* und der *Alten Frau mit Ziegen in den Dünen*. Mit den *Netzflickerinnen* festigt Liebermann endgültig seinen Ruf als Wegweiser der Moderne in Deutschland. Das Bild gilt von Anfang an als eines seiner Hauptwerke und richtungsweisend für die moderne Kunst. Im Unterschied zur *Flachsscheuer* stellt Liebermann hier eine hoch aufgerichtete Frauengestalt in den Vordergrund, die sich mit dramatischer Gebärde gegen den Wind stemmt und den Blick über die am Boden sitzenden Frauen hinweg zum Horizont schweifen lässt. Das Wüten des Windes, der an den Kleidern der Frauen zerrt und über ihre Köpfe faucht, überträgt der Maler auf die raue Oberfläche des Bildes. Die Farbe wird dick mit dem Spachtel aufgetragen und in deutlich sichtbaren Schwüngen über das Bild verteilt. Alles Glatte und Gefällige will der Maler so aus dem Bild tilgen. Die Kritik stört sich daran und rügt »die augenscheinlich mit der Maurerkelle im Hochrelief aufgeputzte Farbe.« Dem Erfolg des Bildes tut dies aber keinen Abbruch. Auf der Pariser Weltausstellung erhält Liebermann dafür eine Ehrenmedaille. Das 1890, ein Jahr später als *Die Netzflickerinnen* entstandene Gemälde *Alte Frau mit Ziegen in den Dünen* wird sofort nach Veröffentlichung von der Münchner Pinakothek angekauft und gilt für viele Kritiker als Liebermanns Hauptwerk.

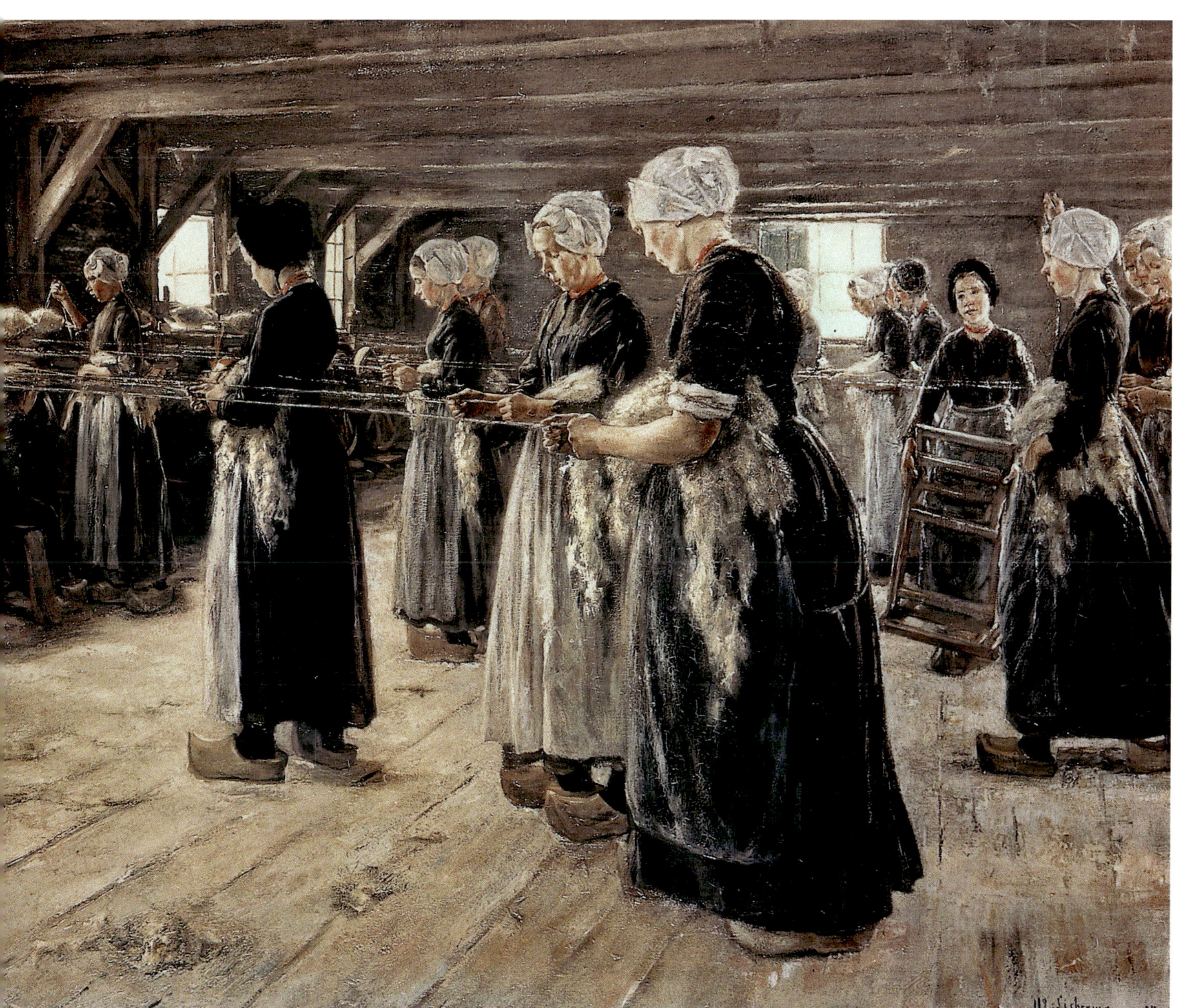

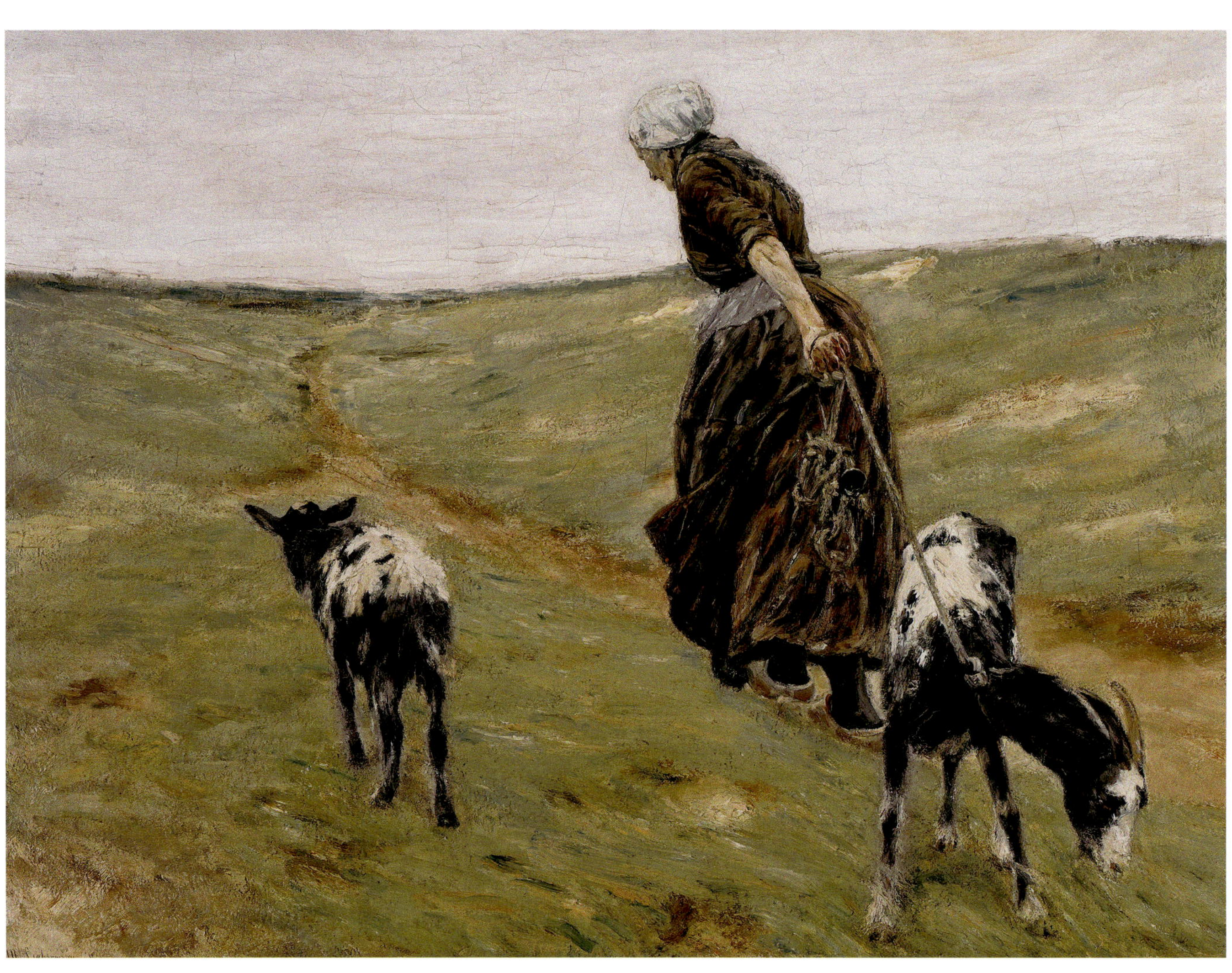

Alte Frau mit Ziegen
1890, Öl auf Leinwand, 127 x 172 cm, Bayerische Staatsgemäldesammlung, Neue Pinakothek, München

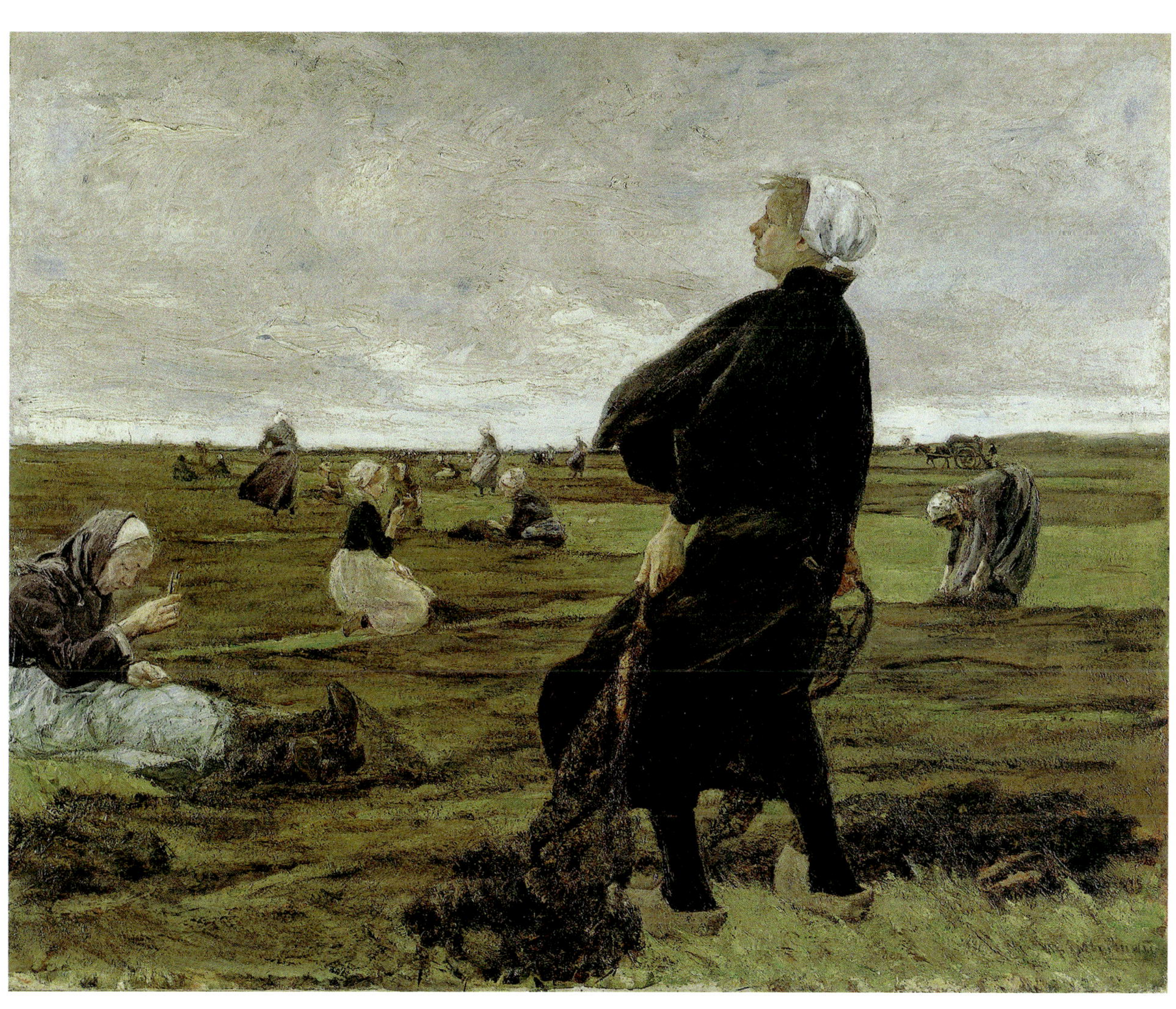

Die Netzflickerinnen
1887–1889, Öl auf Leinwand, 180,5 x 226 cm, Hamburger Kunsthalle

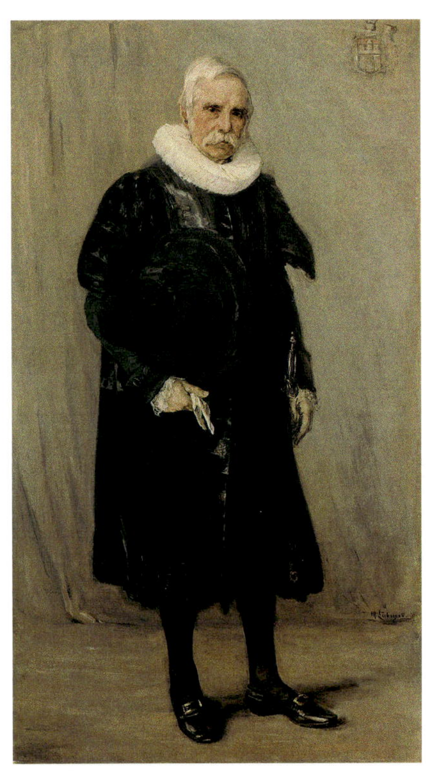

Bildnis Bürgermeister Petersen, 1891, Öl auf Leinwand, 206 x 119 cm, Hamburger Kunsthalle

Die Konzentration auf eine einzelne Figur im Kampf mit der Natur – dem kräftigen Seewind, der über die Dünen fegt und den widerspenstigen Ziegen, die sich nur mit Mühe bändigen lassen – schafft ein ebenso schlichtes wie erhabenes Bild. Ohne Pathos, aber voller Dramatik gestaltet Liebermann die gebeugte, von gegensätzlichen Kräften beanspruchte Rückenpartie der Frau. Dabei kommt das Bild ohne jede erzählerische Zutat aus. Zu sehen sind nur eine Frauenfigur und zwei Ziegen, die einem schmalen Pfad in den Dünen folgen. Aber die Haltung der Frau verrät soviel von ihrem schweren Dasein, von der Mühe um das tägliche Brot, dass keine »Geschichte« notwendig ist. Die Farbgebung des Bildes folgt in ihrer delikaten Abstufung der schlichten, aber höchst wirkungsvollen Komposition. Das Bild zeigt nur wenige Farben – einen hellen, grauen Himmel, das zartgrüne Dünengras, vom Sandgelb des Weges durchbrochen, die Frauenfigur ist ganz in dunklen Tönen gehalten, nur das Kopftuch leuchtet hell. Das schwarzweiße Fell der Ziegen hebt sich dagegen kräftig vom hellen Grün der Düne ab. Nach dem Urteil des Kunstkritikers Hans Rosenhagen hat Liebermann »derartiges nie wieder erreicht.«

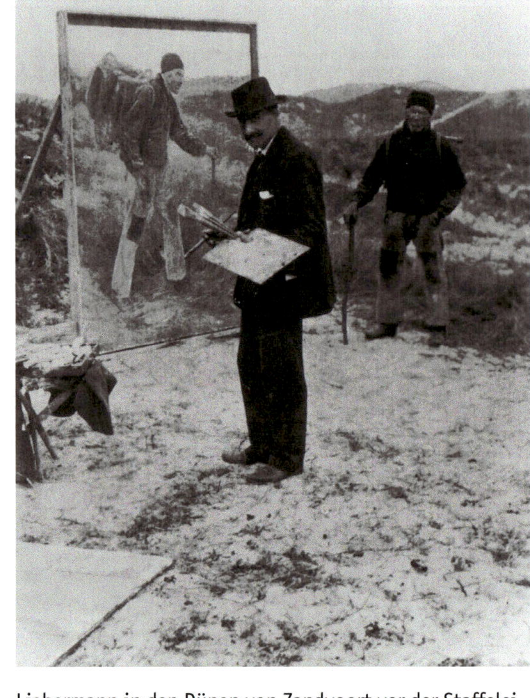

Liebermann in den Dünen von Zandvoort vor der Staffelei mit dem Modell für den *Schreitenden Bauern,* 1894

Die folgenden Jahre bringen einige Veränderungen für Liebermann. 1892 stirbt die Mutter und der Maler zieht mit seiner Familie zum Vater ins Elternhaus am Pariser Platz. Im gleichen Jahr begründet er mit Walter Leistikow (1865–1908) die »Gruppe der Elf«, einen Vorläufer der Berliner Secession. Liebermann ist jetzt ein anerkannter Maler, der ehrenvolle Porträtaufträge, wie das des Hamburger Bürgermeisters Petersen erhält, wenn diese auch nicht immer die teilweise recht konventionellen Erwartungen der Auftraggeber erfüllen. 1896 malt er das letzte große »Arbeitsbild«, den

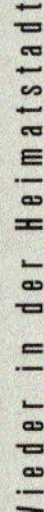

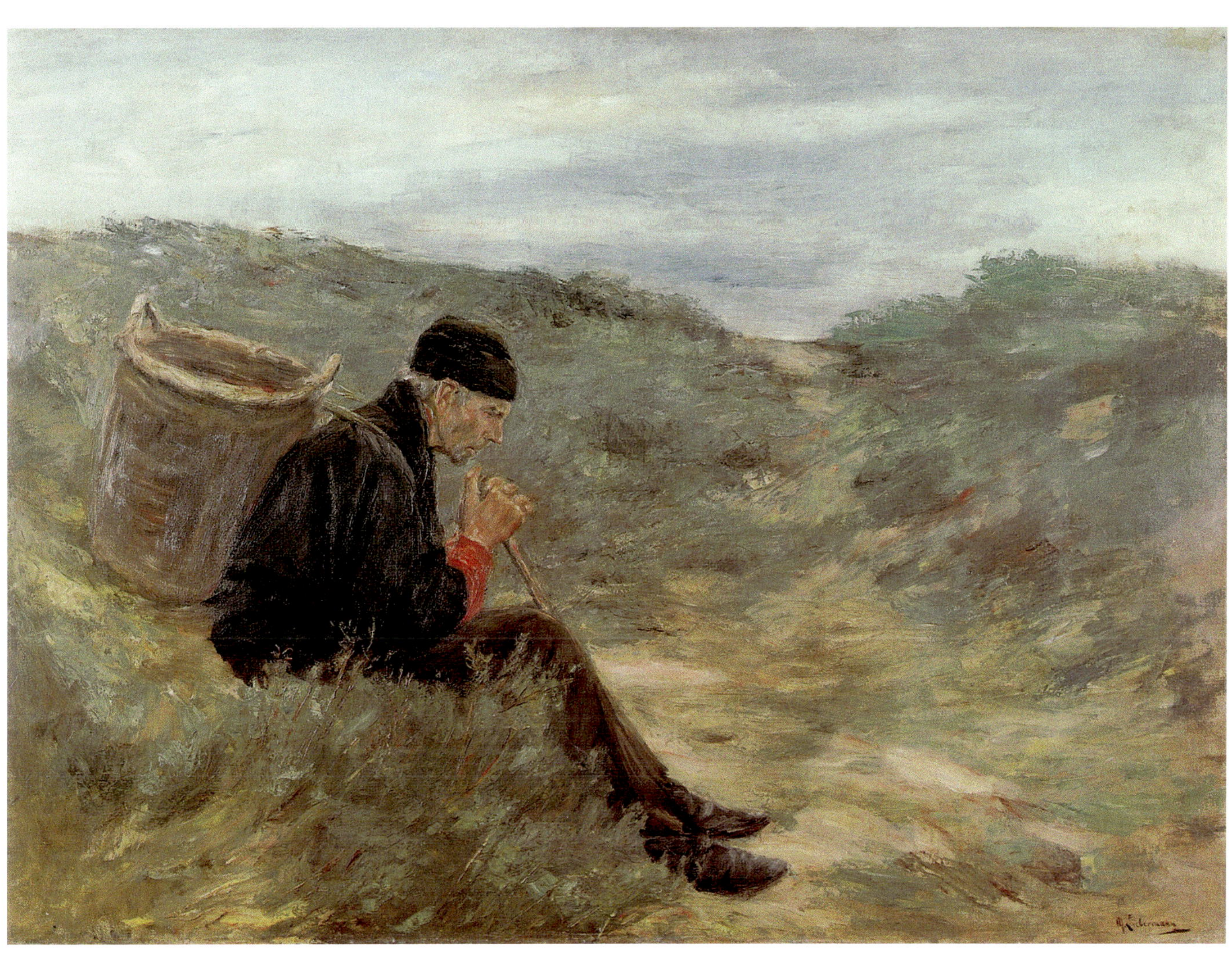

Sitzender Bauer in den Dünen – Rast in den Dünen
1896, Öl auf Leinwand, 108,3 x 151,5 cm, Museum der bildenden Künste, Leipzig

Sitzenden Bauern in den Dünen. Ähnlich wie beim drei Jahre zuvor entstandenen *Biergarten in Brannenburg* variiert er hier ein schon mehrfach gestaltetes Thema. Auf einem zeitgenössischen Foto sieht man Liebermann mit Pinsel, Palette und Modell in den Dünen stehen. Auf der Staffelei steht das 1945 in Königsberg zerstörte Bild *Schreitender Bauer in den Dünen* von 1894. Das Malen in der freien Natur scheint dem Künstler aber zunehmend anzustrengen, denn es »[...] ist mit zu großen materiellen und physischen Schwierigkeiten verbunden. Heut bin ich bei einer Studie zweimal bis auf die Haut durchgeregnet, den Wind gar nicht gerechnet.« Der *Sitzende Bauer* bildet einen Schlusspunkt in der Reihe von Gemälden, die nach dem holländischen Naturvorbild in den vergangenen 25 Jahren entstanden waren. Mit der Jahrhundertwende tritt eine Neuorientierung in seinem Werk ein. Über die Ursachen des Themenwechsels in Liebermanns Malerei ist viel spekuliert worden. Der Kunsthistoriker Matthias Eberle, Verfasser des Werkverzeichnisses, sieht im Wesentlichen vier Gründe dafür: den persönlichen Erfolg und den Tod des Vaters, dem er sich nun nicht mehr beweisen muss, sein Alter – er wird 1897 50 Jahre alt und gehört zu den international anerkannten Künstlern –, die intensive Auseinandersetzung mit der Malerei der französischen Impressionisten, von denen er eine exquisite Sammlung besitzt und nicht zuletzt die veränderte gesellschaftliche Situation in Deutschland, in der die Interessen der Arbeiter von der Sozialdemokratie vertreten werden.

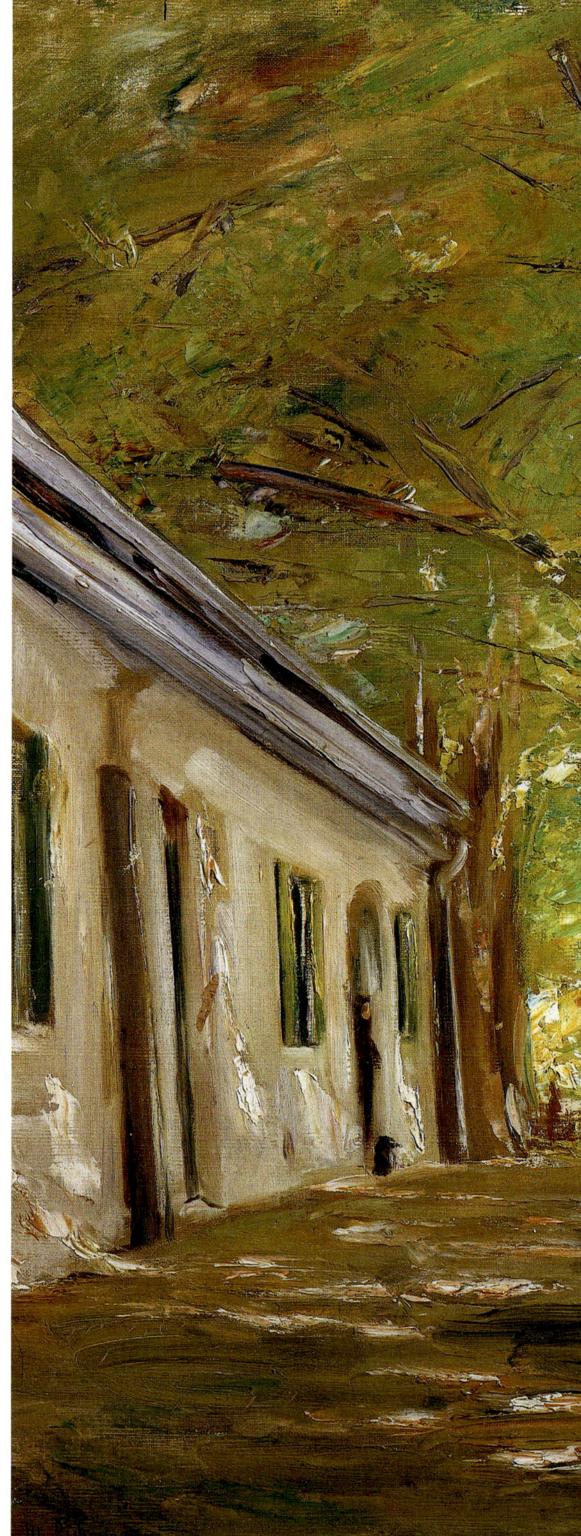

Biergarten in Brannenburg (1. Fassung)
1893, Öl auf Leinwand, 71 x 105 cm, Museé d'Orsay, Paris

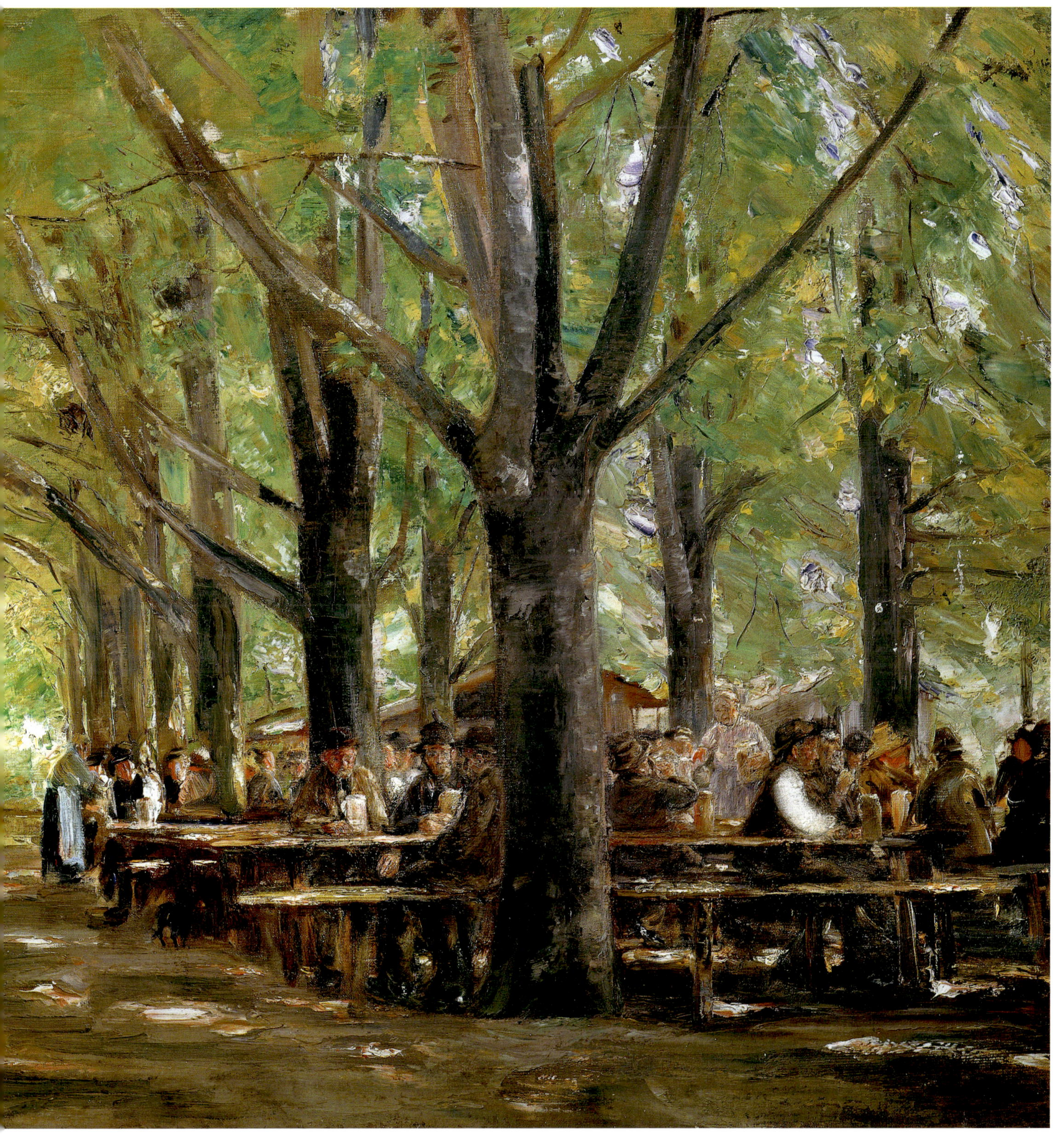

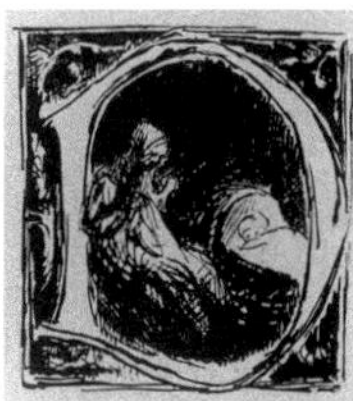

urch den Tod des Vaters 1894 wird Liebermann Miterbe eines Millionenvermögens, das knapp zwanzig Jahre später mit ca. 6,1 Millionen Mark angegeben wird. Er lässt die Wohnräume am Pariser Platz umgestalten und erwirkt in einem jahrelangen Prozess gegen das Verbot des Kaisers einen Dachaufbau auf seinem Atelier. Liebermanns Wohnsituation ist für einen Berliner Künstler einmalig und im Renommee nur den Villen der Münchner »Malerfürsten« Lenbach und Stuck vergleichbar, wenn auch Liebermanns Domizil ein bürgerliches Palais bleibt, ohne den Anspruch, ein »Künstlerschloss« zu sein. Im Bild *Atelier des Malers* können wir einen Blick in das so hart umkämpfte Atelier des Meisters werfen. Der Raum ist langgestreckt und wird durch das Oberlicht erhellt. Die Einrichtung ist zweckmäßig und dabei komfortabel – kein Raum, um zu repräsentieren, sondern um zu arbeiten. Für gelegentliche Pausen oder Besucher steht ein Sofa bereit, in diesem Fall für die Damen des Hauses, die dem Maler Gesellschaft leisten. Die unteren Wohnräume des Palais sind nach gründerzeitlichem Geschmack möbliert. Der schönste Schmuck der Räume sind die mehr als dreißig Bilder der Impressionistensammlung, die in Umfang und Qualität einmalig für einen Privatsammler ist. Liebermann ist einer der ersten in Deutschland, der den Wert und die Bedeutung der impressionistischen Malerei erkennt. Er hat bereits 1892 sein erstes Bild, ein Blumenstillleben von Manet, im Tausch gegen ein von ihm gemaltes Porträt des Sammlers Carl Bernstein erhalten. Liebermann reist 1896 mit dem gerade ernannten Direktor der Nationalgalerie Hugo von Tschudi nach Paris zu einer vielbeachteten Schau impressionistischer Gemälde, auf der Tschudi eines der Hauptwerke Manets, *Im Wintergarten*, für die Nationalgalerie erwirbt. Dieser eigenmächtige Ankauf wird zum Auslöser eines jahrelangen Streits zwischen Tschudi und der Berliner Kulturbürokratie, die sich um Kaiser Wilhelm II. versammelt, und der 1909 zu Tschudis Weggang nach München führt. Liebermann steht als Präsident der 1899 gegründeten Berliner Secession, die im Streit um die Ausstellungspolitik der Königlichen Akademie der Künste entstanden war, mitten in den Auseinandersetzung und Konflikten dieser Zeit. An seinem 50. Geburtstag kann er sich am Ziel seines Weges zum erfolgreichen Künstler sehen. Die Akademie richtet ihm eine Jubiläumsausstellung aus und ernennt ihn zu ihrem Mitglied, er erhält die Große Goldene Medaille und den Professorentitel. Gleichzeitig ist er Repräsentant der oppositionellen

Badende Knaben
(Ausschnitt, vgl. S. 64)

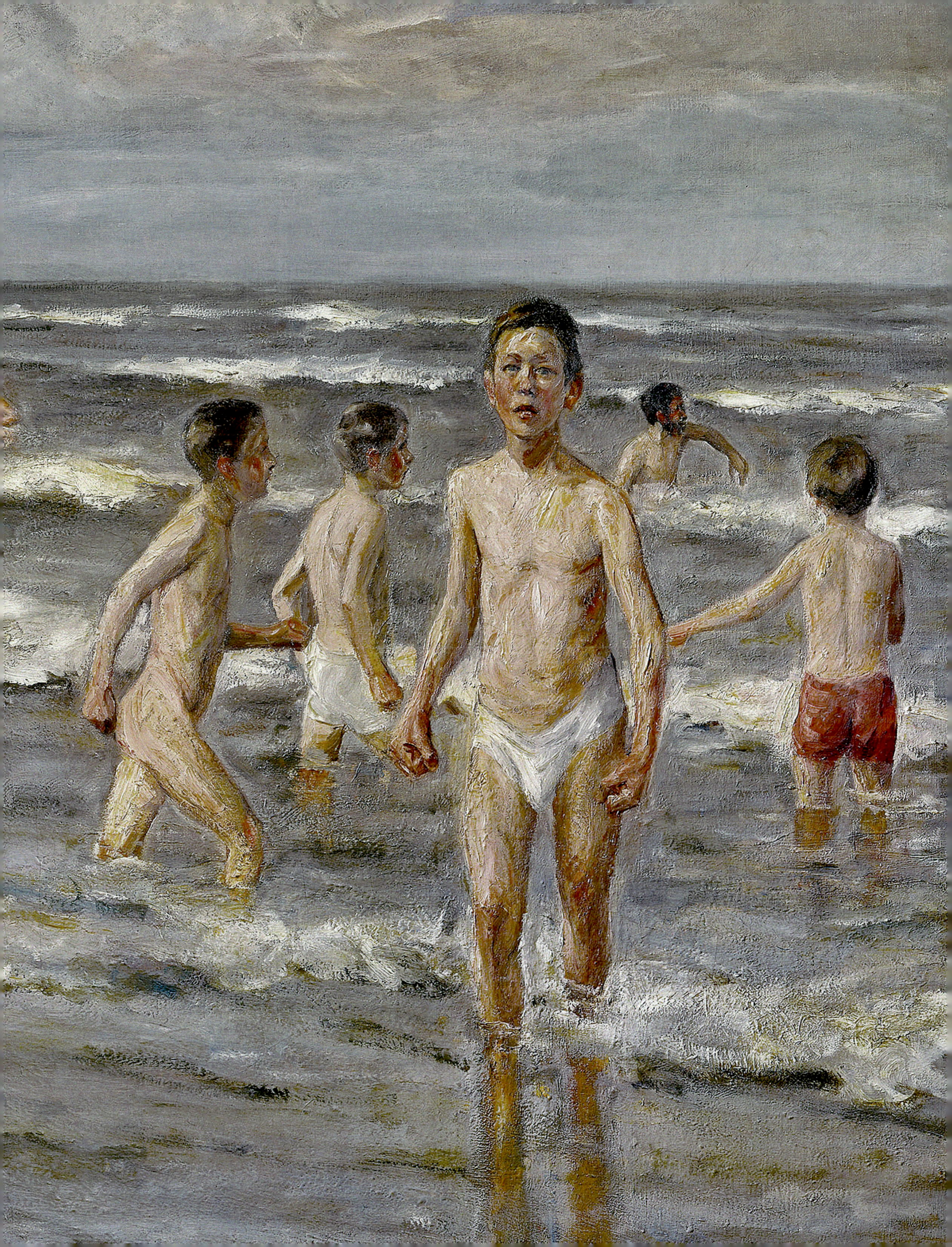

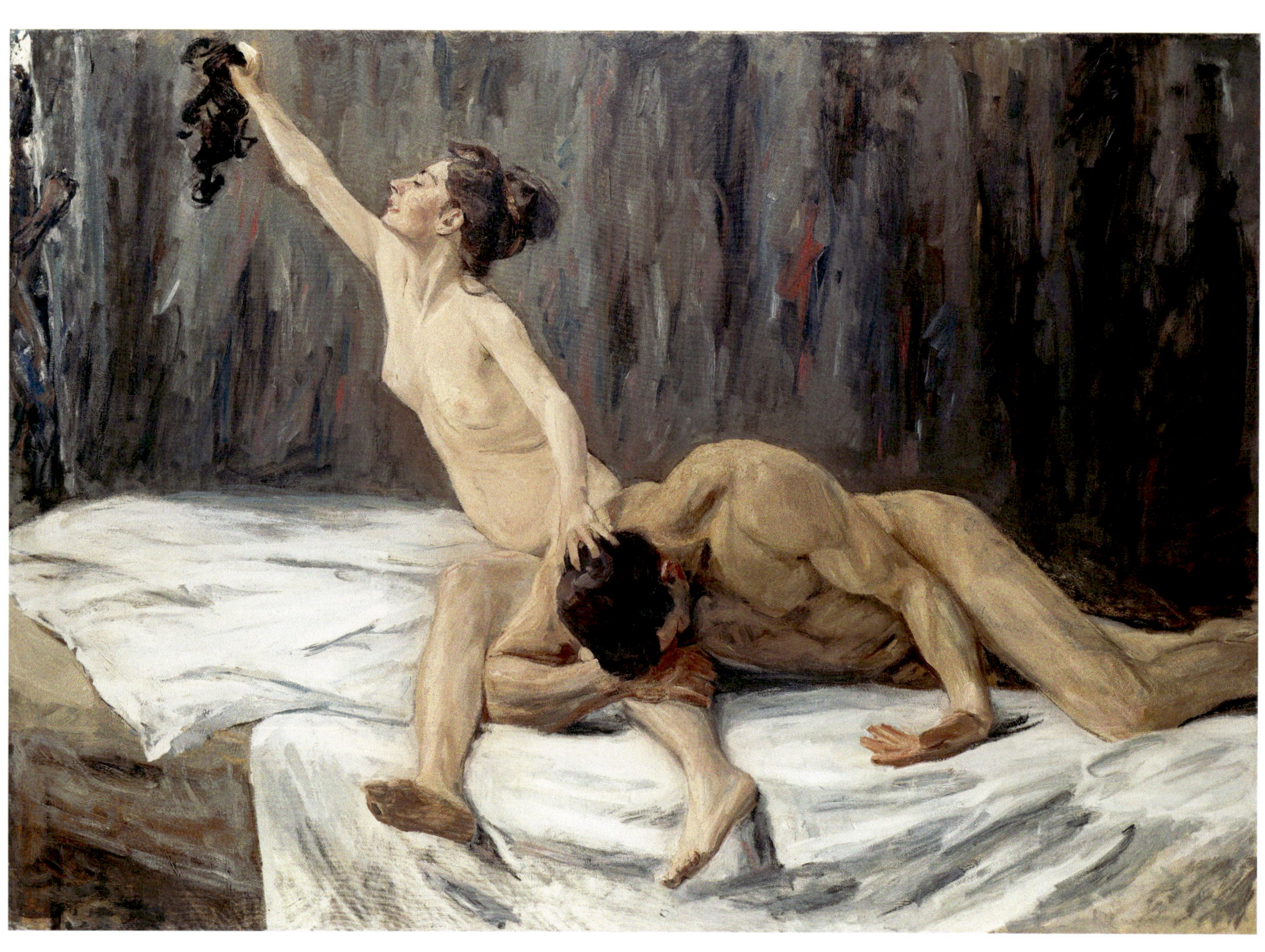

Simson und Delila
1902, Öl auf Leinwand, 151,2 x 212 cm, Städel Museum Frankfurt a.M.

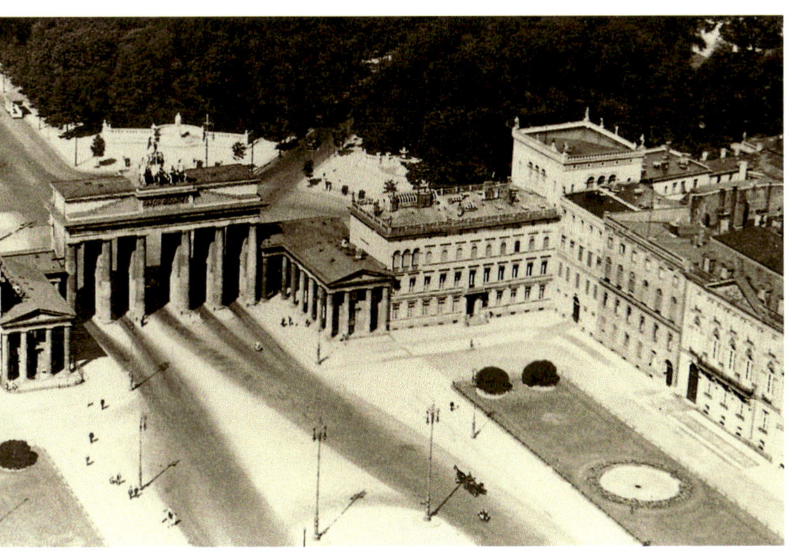

Der Pariser Platz um 1930 mit dem Haus Liebermann rechts vom Brandenburger Tor und dem Tiergarten im Hintergrund

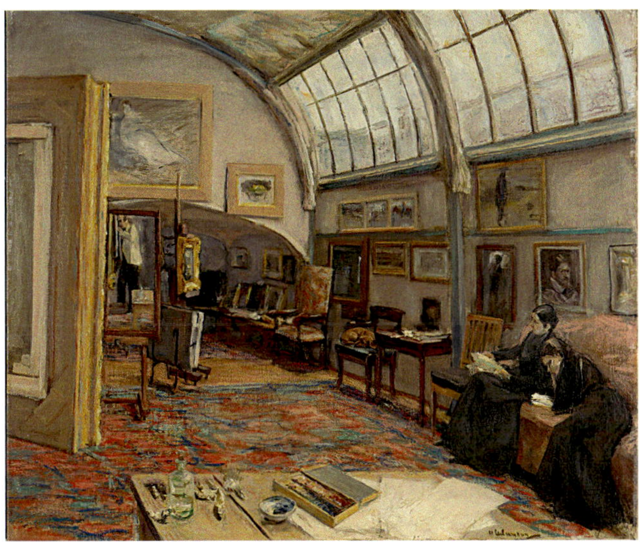

Atelier des Malers am Brandenburger Tor in Berlin, 1902, Öl auf Leinwand, 68 x 81 cm, Kunstmuseum St. Gallen

Secessionsgruppe, die unter seiner Führung mit der Veranstaltung richtungsweisender Ausstellungen zur wichtigsten Kraft im Berliner Kunstleben wird. Im Berliner Volksmund gilt er als der »heimliche Kaiser«.

Auch künstlerisch hat eine neue Periode für den 50jährigen begonnen. Liebermann ist dies bewusst: »Was mich persönlich betrifft, so bin ich in eine neue – die wievielte weiß allein der liebe Gott und Rosenhagen – Periode getreten; in den drei Monaten, die ich jetzt in Holland war, habe ich mich wieder gehäutet, male Pferde und nackte Weiber [...].« Die Palette der Themen ist ein bisschen bunter als die kurze Briefnotiz andeutet, neben »Pferden und Weibern« gibt es Strandszenen, Landhäuser, Gartenlokale, Reiter und ein besonders schönes Motiv, den *Papageienmann*. Die leuchtende Farbigkeit des Bildes nimmt etwas mehr als zehn Jahre vor den Wannseebildern deren Farbzauber und sommerliche Heiterkeit vorweg. Das Bild des Papageienwärters, der am Abend eines warmen Sommertages die bunten Vögel im Park des Amsterdamer Zoos einsammelt, betont die Eigenständigkeit von Liebermanns Malerei gegenüber den französischen Impressionisten, bei aller inhaltlichen Nähe und Liebe des Künstlers zu ihren Bildern. Hätte ein Maler des französischen Impressionismus das Motiv in einem Meer aus leuchtenden Farbtupfern aufgelöst, bleibt Liebermann mit seinen matteren, gedämpfteren Farben deutlich zurückhaltender und vor allem der Erkennbarkeit des Dargestellten verpflichtet.

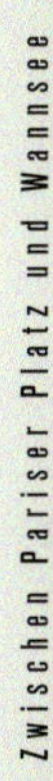

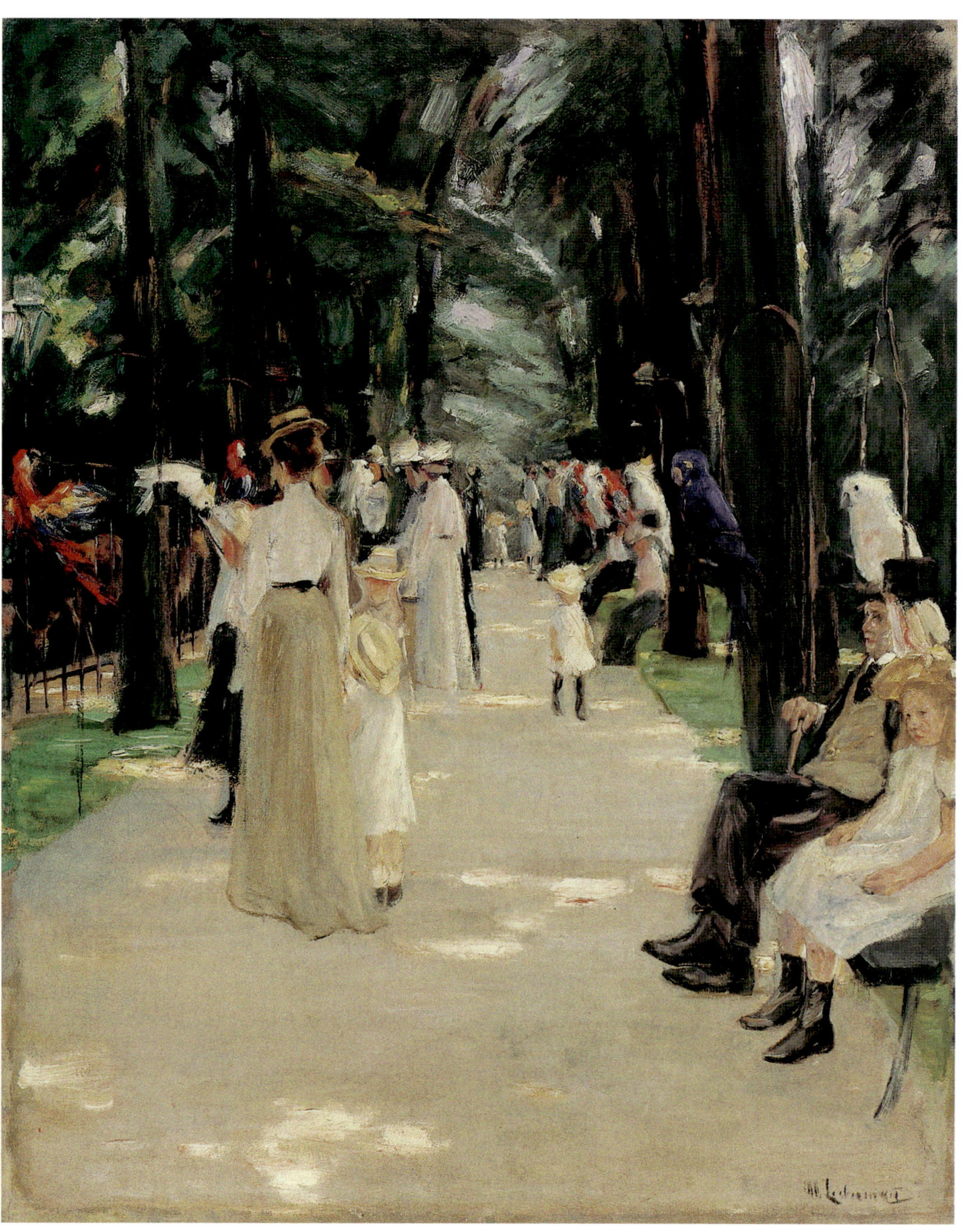

Papageienallee (2. Fassung)
1902, Öl auf Leinwand, 88,1 x 72,5 cm, Kunsthalle Bremen

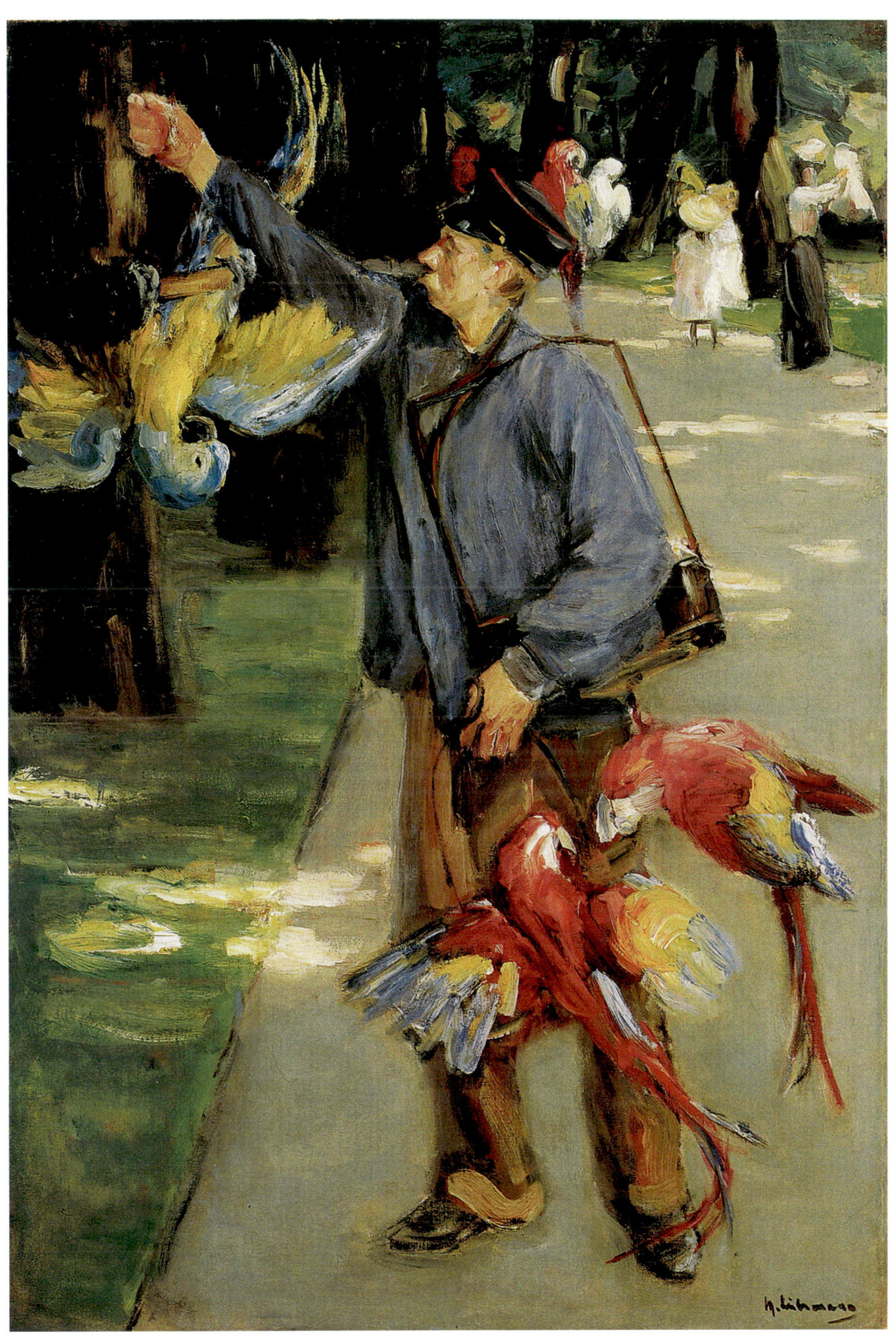

Der Papageienmann
1902, Öl auf Leinwand,
102,3 x 72,3 cm,
Museum Folkwang, Essen

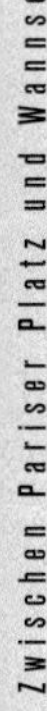

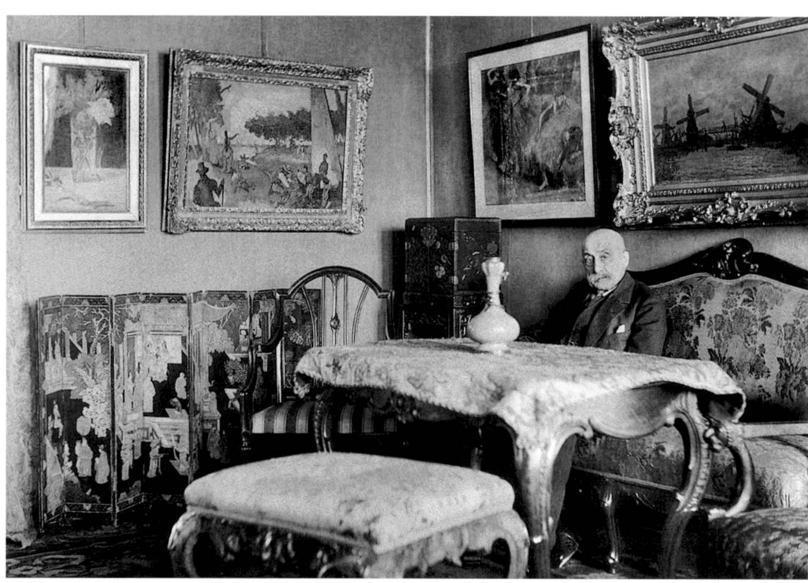

Max Liebermann im Musikzimmer, um 1930

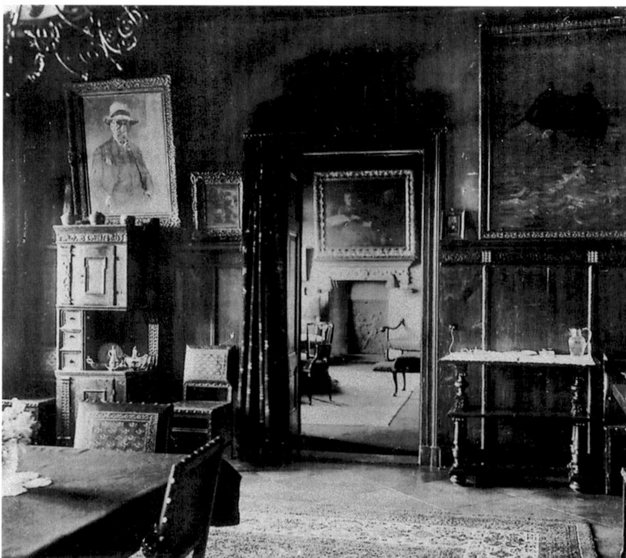

Das Speisezimmer in Max Liebermanns Haus am Pariser Platz

In seinem Brief hatte Liebermann zwar davon gesprochen, dass er »nackte Weiber« male, aber im Werkverzeichnis überliefert ist, neben zahlreichen Skizzen und Studien, nur ein Gemälde, auf dem ein »nacktes Weib« zu sehen ist: *Simson und Delila* von 1902. Mehr als zwanzig Jahre nach seiner schlechten Erfahrung mit einem biblischen Thema versucht sich Liebermann noch einmal daran und stößt wieder auf zwiespältige Meinungen, einschließlich seiner eigenen.

Über die Ursachen, warum Liebermann sich dem Motiv des nackten Frauenkörpers gegenüber so zurückhaltend zeigt, kann nur spekuliert werden. Der Kunstkritiker Max Osborn vermutet, dass wohl »die Scheu, der Verführung zum Lieblichen, Gefälligen [...] auch nur um die Breite eines kleinen Fingers entgegenzukommen [...]« der Grund für diese Zurückhaltung ist. Einigen Kritikern fehlt entschieden das sinnliche Moment, das ein wesentlicher Bestandteil der Geschichte um Liebe, Verrat und Tod zwischen dem biblischen Helden Simson und seiner verräterischen Geliebten Delila ist. Anderen, wie dem mit Liebermann bekannten Dichter Richard Dehmel »imponiert [...] das ideale Pathos, mit dem hier ohne jede sentimentale Pose ein ewig Menschliches verkörpert ist.« Liebermann selbst ist von seinem Werk auch nicht ganz überzeugt und schreibt vom »schrecklichen, moralischen Katzenjammer über mein Bild, das zu malen mir irgendein Dämon eingegeben haben muß.«

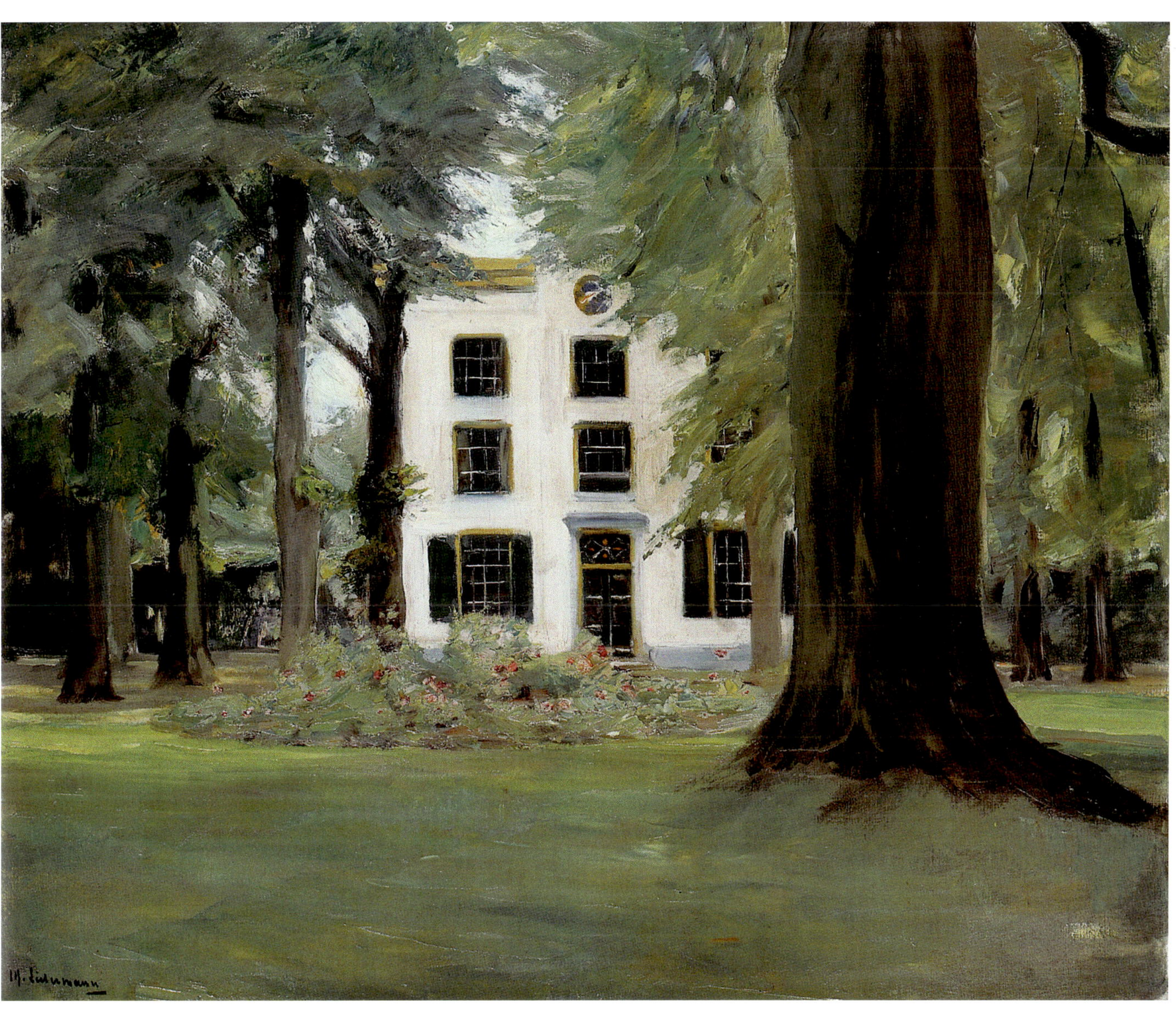

Landhaus in Hilversum – Villa in Hilversum
1901, Öl auf Leinwand, 65 x 80 cm, SMB Alte Nationalgalerie

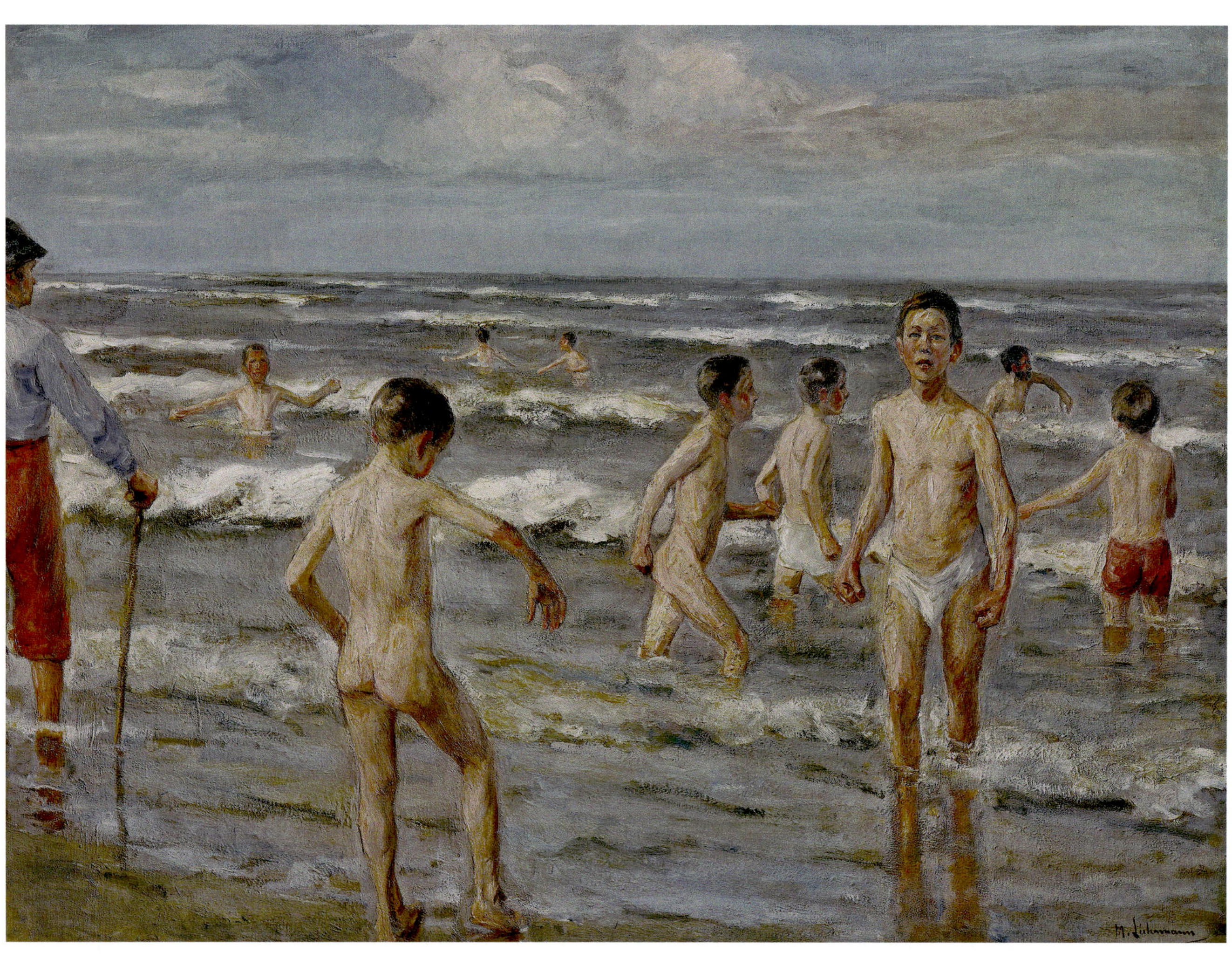

Badende Knaben
1900, Öl auf Leinwand, 113 x 152 cm, Stiftung Stadtmuseum Berlin

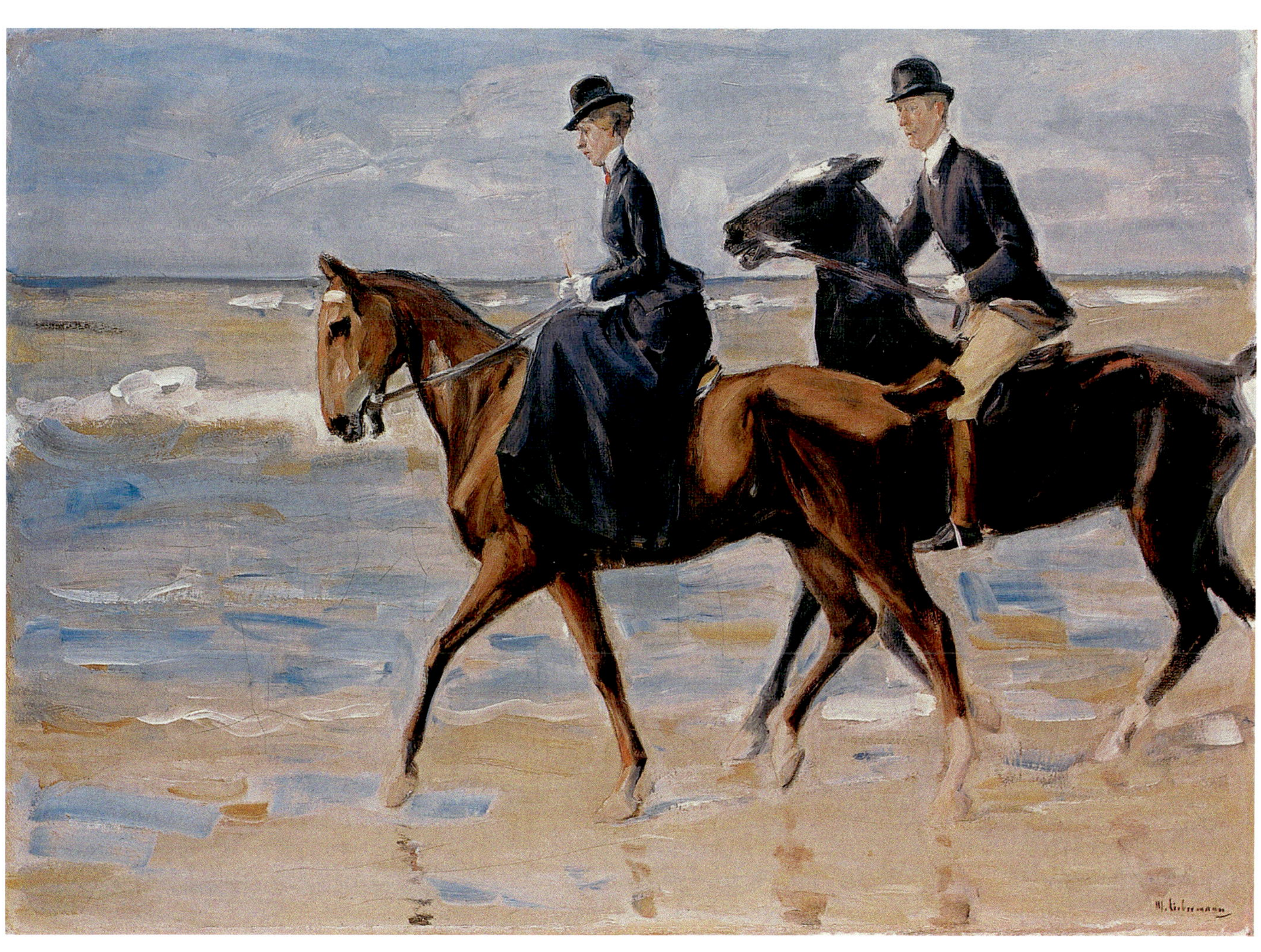

Reiter und Reiterin am Strand
1903, Öl auf Leinwand, 72,5 x 101 cm, Wallraf-Richartz-Museum, Köln

Die Darstellung erzählerischer Stoffe wie in Simson und Delila bleibt die Ausnahme im Werk, dagegen greift Liebermann Motive aus Holland immer wieder auf und gestaltet sie mit neuer Ausdruckskraft. Ein Beispiel dafür ist die *Seilerbahn in Edam*. Ein Motiv, das er bereits einige Jahre zuvor verarbeitet hatte *(Die Seilerbahn,* 1887) und nun mit der in 15 Jahren gewonnenen künstlerischen Erfahrung noch einmal gestaltet. Die Unterschiede zwischen beiden Bildern werden in der Verwendung der Farbe wie im Bildaufbau deutlich. Neben den Figuren der arbeitenden Männer wird die Umgebung zum wichtigen Bildelement. Die klaren, kräftigen Farben, das dunkle Erdbraun, das saftige Grün, der kräftig blaue Kittel des Mannes im Vordergrund, geben dem Bild eine ganz eigene, frische Atmosphäre. Man hat den Eindruck, als hätte gerade ein kurzer Regenschauer allen Staub, alles Graugedämpfte abgewaschen und eine reine, kühle Stimmung hinterlassen. »Jeder Pinselstrich drückt etwas aus, etwas, was Natur atmet«, beschreibt Hans Rosenhagen sein Empfinden.

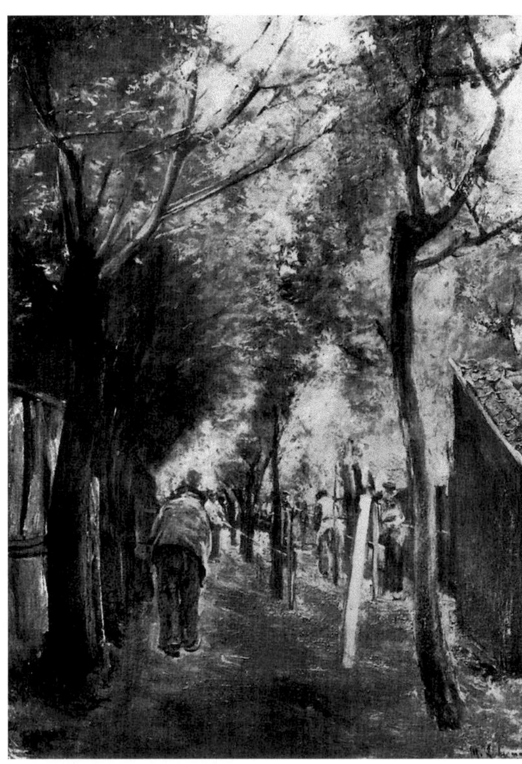

Seilerbahn (1. Fassung), 1887, Öl auf Leinwand, 93 x 69 cm, Staatliches Museum Schwerin

In den Jahren nach der Jahrhundertwende, ab 1905, erschließt sich Liebermann ein neues Motiv aus dem holländischen Themenkreis, das ihn für einige Jahre beschäftigt und zu einer Fülle von Skizzen, Ölstudien und Gemälden anregt – die Bilder aus dem Amsterdamer Judenviertel. Liebermann war schon um 1876 das erste Mal in den Gassen rund um die Jodenbreestraat unterwegs gewesen und hatte in der alten Portugiesischen Synagoge Skizzen für sein Gemälde des zwölfjährigen Jesus im Tempel gemacht. Das alte jüdische Wohnquartier, in dem Spinoza und der verarmte Rembrandt gelebt hatten, fasziniert den Maler in vielerlei Hinsicht.

Die meisten Skizzen entstehen aus dem Fenster einer Wohnung im ersten Stock, da die Bewohner des Judenviertels eine spürbare Abneigung gegen das Porträtiertwerden zeigten. Doch auch aus der Distanz fängt Liebermann die sinnlichen Eindrücke des prallen Lebens unten auf der Straße in atmosphärisch dichten Bildern wie der *Judengasse in Amsterdam* ein. Auf den Karren der Händler türmen sich Früchte in allen Farben und Formen, dazwischen wimmeln die Kunden und Passanten in der engen Gasse zwischen Ständen und Wagen, man glaubt, die lockenden Rufe der Händler zu hören, mit denen sie ihre Waren anpreisen. Aus den Fenstern der Häuser flattern bunte Wäschestücke und geben den holländischen Backsteinfassaden etwas südlich Leichtes. Die bunte Welt des Markttreibens ist mit den für Liebermann typischen, etwas gedämpften Farben in delikater Zusammenstellung erfasst.

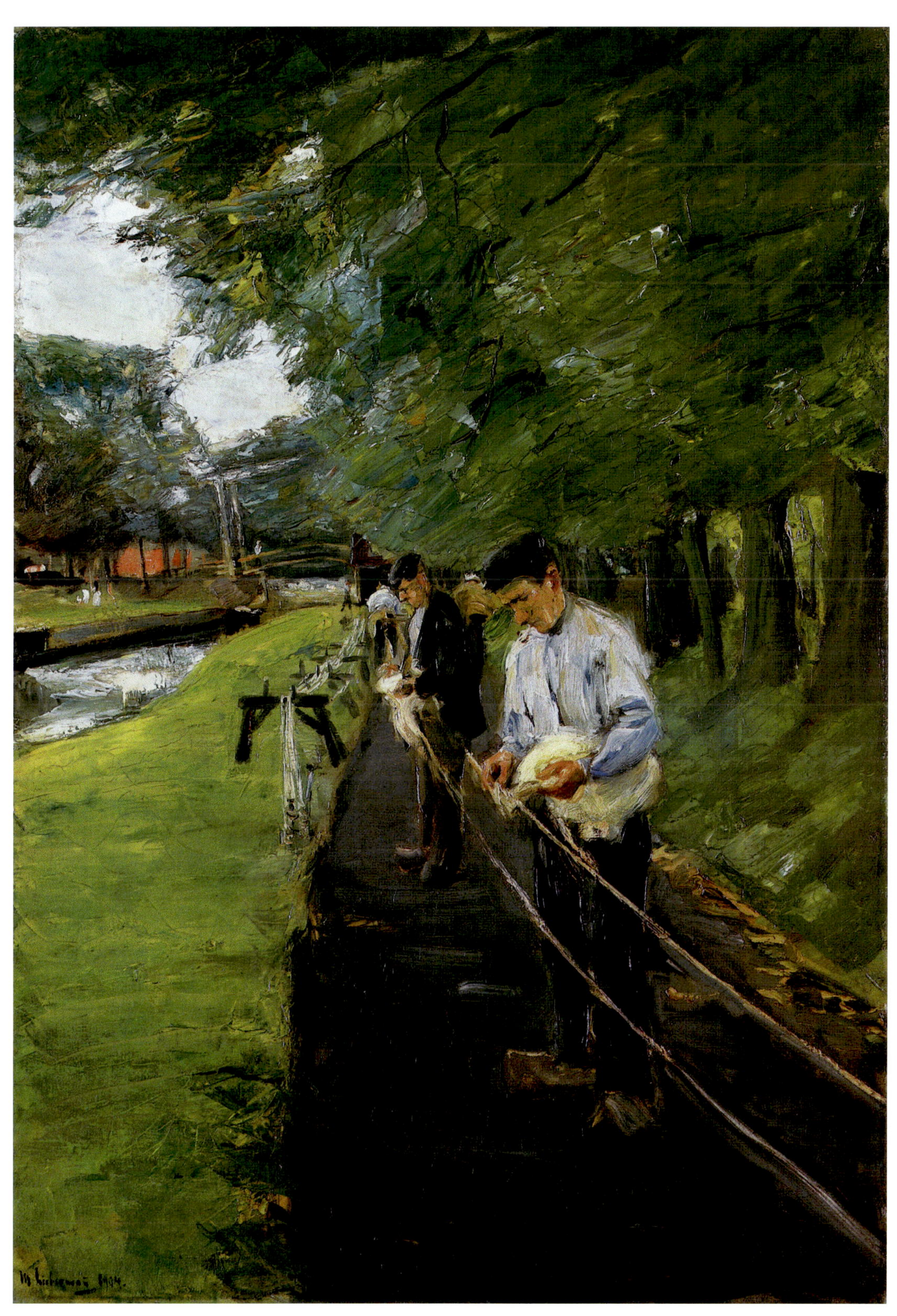

Seilerbahn in Edam
1904, Öl auf Leinwand, 101 x 71,1 cm,
Metropolitan Museum of Art, New York

Das Bewegte, Spontane des Motivs überträgt der Maler mit breitem, dynamischen Pinselstrich auf die Leinwand, so dass das Bild den Eindruck behält, als wäre es eben erst entstanden. Die intensive Beschäftigung mit dem Leben in den Gassen des Amsterdamer Judenviertels wirft die Frage nach Liebermanns Einstellung zur eigenen Zugehörigkeit zum Judentum auf. Auch dieser Teil der Liebermannschen Persönlichkeit entzieht sich einer klaren Beurteilung. Er selbst macht nie einen Hehl aus seiner jüdischen Herkunft, zieht aber immer eine klare Trennung zwischen Herkunft und Religion. Auf die Leistungen seiner Väter ist er zeitlebens stolz, aber in seinem eigenen Leben spielt die jüdische Religion und Tradition wohl keine besondere Rolle. Für die Ausübung der Kunst sind nach seiner Überzeugung weder Politik noch Abstammung wichtig. Liebermann versteht sich als Deutscher *und* Jude, die deutsche Kultur ist seine Heimat, das Werk Goethes immerwährende Anregung zur Auseinandersetzung mit der Kunst. In einem Interview mit der jüdischen Central-Vereins-Zeitung 1927 bekennt der 80jährige: »Ich bin ein deutscher Jude und darauf habe ich immer meinen besonderen Stolz gehabt. Ich bin in deutsche Schulen gegangen, die deutsche Sprache ist meine Muttersprache und das Deutsche gehört nun einmal zu mir.« Obwohl Liebermann gerade von Seiten der Kunstkritiker immer wieder auch wegen seiner Herkunft angefeindet wird – als Beispiel sei an die Auseinandersetzung um das Jesus-Bild erinnert –, lebt er sein ganzes Leben mit dem Selbstverständnis, Deutscher und Jude zu sein. Dass dieser Traum zum Scheitern verurteilt ist, wird Liebermann wie allen anderen deutschen Juden spätestens 1933 mit brutaler Deutlichkeit klar gemacht. Für die jüdische Jugend sieht er zu diesem Zeitpunkt keine andere Lösung mehr, als die Auswanderung nach Palästina, für sich selbst jedoch weiß er, dass das nicht infrage kommt: »Leider kann man einen so alten Baum [...] nicht mehr verpflanzen.«

Die jüdische Religion hat wenig Bedeutung für Liebermann. Vielmehr fühlt er sich in der geistigen Welt Spinozas und Goethes zu Hause. »[...] Ich bin überzeugter Pantheist in Kunst wie in Religion; überall ist Kunst für mich, wo Natur drinnen steckt [...].« Das universale Verständnis vom Wirken Gottes in der Natur und der Gabe des Künstlers, dies zu erleben und in seinem Werk wiederzugeben, ist Liebermanns Credo, das er in seinen Werken wie in seinen Schriften vertritt. Seit er auf Bitten der Zeitschrift *Pan* 1896 erstmals einen Aufsatz über Degas veröffentlicht hatte, setzt er sich in zahlreichen Artikeln

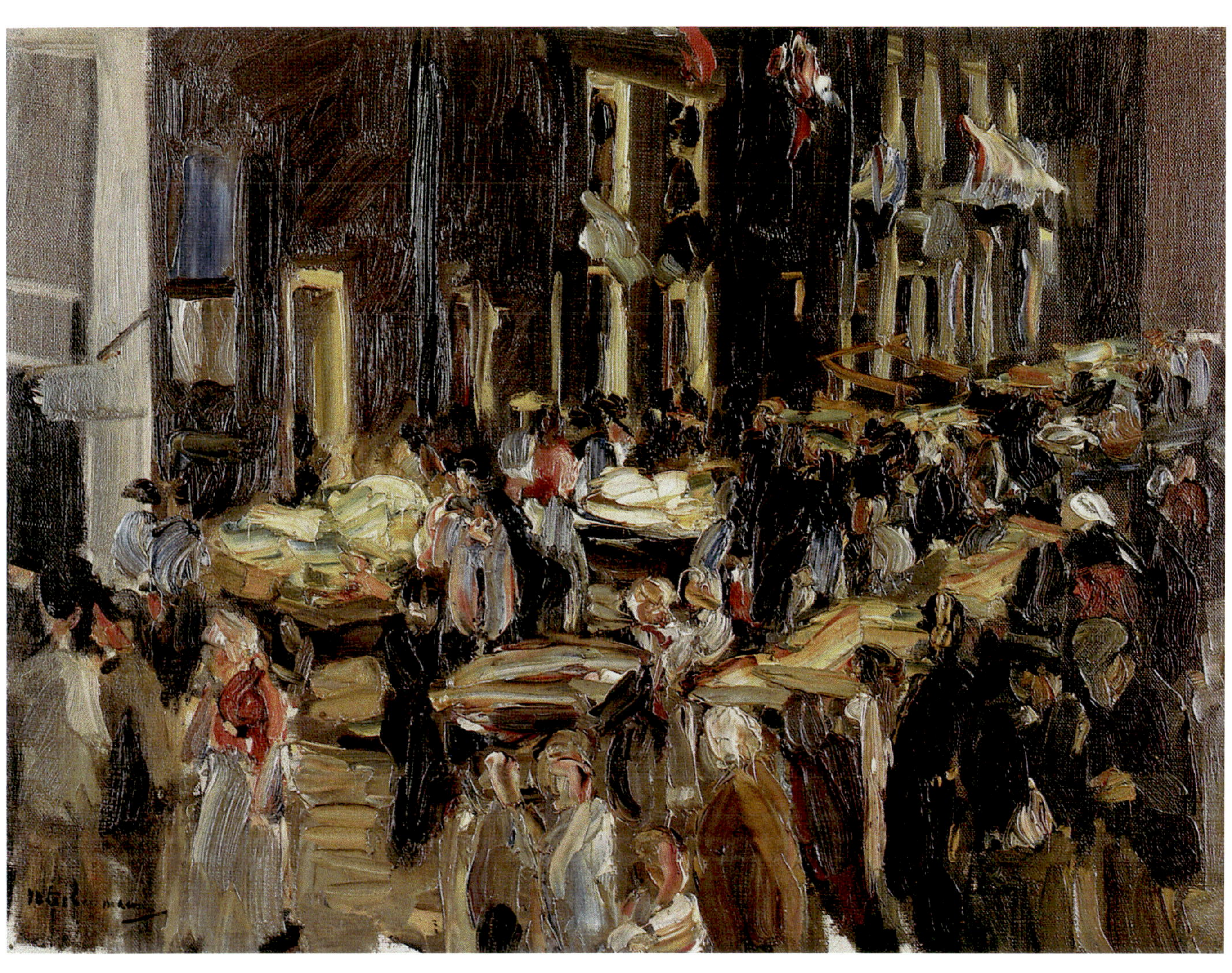

Judengasse in Amsterdam, Uilenburgersteeg Ecke Jodenbreestraat
1905, Öl auf Leinwand, 40 x 55 cm, Kaiser-Wilhelm-Museum, Krefeld

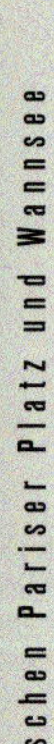

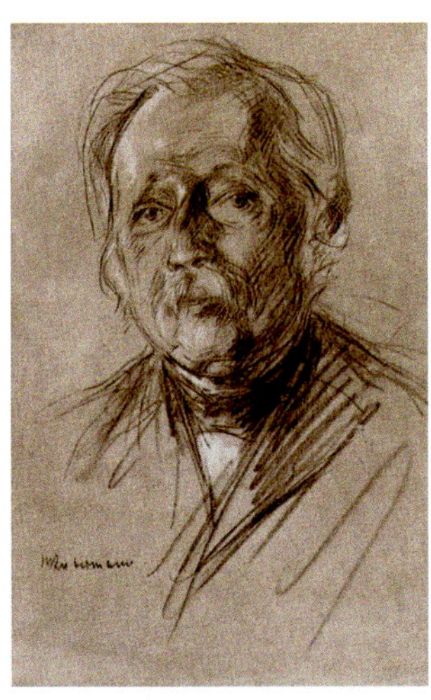

Bildnis Theodor Fontane, 1896, Kreide, weiß gehöht, auf braunem Papier, 36,6 x 23,8 cm, Kunsthalle Bremen, Kupferstichkabinett

und Aufsätzen ebenso wie in seinen vielen Reden zu Ausstellungseröffnungen der Secession und Akademie immer wieder mit der Wirkung der Kunst und dem Wirken des Künstlers auseinander. Liebermann verleugnet dabei nie seine durchaus subjektive Sicht auf das Thema und bekennt: »Ich schreibe als Maler gleichsam mit dem Pinsel in der Hand.« Objektive Bewertung und kunsthistorische Einordnung sind nicht sein Anliegen, er will dem Leser sein persönliches Urteil nahe bringen und erläutern, »warum ich diese Malerei für gut und jene für schlecht halte.« Seine Meinung wird gehört und geschätzt, nicht nur unter seinen Kollegen, auch das breite Publikum ist an seinen persönlichen Wertungen und Urteilen über Menzel oder Blechen interessiert.

Die allgemeine Wertschätzung, die Liebermann als zentrale Figur des Berliner Kunstlebens genießt, zeigt sich auch in den zahllosen Porträtaufträgen, die er ausführt. Alles, was Rang und Namen hat oder haben möchte, sitzt ihm Modell. Künstler wie Gerhart Hauptmann, Theodor Fontane oder Thomas Mann, Gelehrte wie Albert Einstein oder Wilhelm von Bode, Verleger wie Samuel Fischer, Industrielle, Kaufleute, Kunstmäzene und Gesellschaftsdamen. Als eines seiner schönsten Porträts und gleichzeitig Hauptwerk der impressionistischen Porträtkunst in Deutschland gilt das Bildnis *Baron Alfred von Berger,* dessen erste Fassung von 1905 hier abgebildet ist. Das Bild entsteht im Auftrag der Hamburger Kunsthalle, deren Direktor Alfred Lichtwark Liebermann das Modell mit den Worten »wundervoller Kopf, häßlich, fast grotesk, aber das Gesicht wie eine Maske, hinter der man große Schönheit fühlt« empfiehlt. Für das Gelingen eines Porträts ist für Liebermann immer der persönlich Zugang zum Dargestellten entscheidend. Stellt der sich nicht her, fehlt dem Bild das wichtigste Element. Über die Begegnung mit dem Baron, der als Direktor des Hamburger Schauspielhauses ein vielbeschäftigter Theatermann ist, schreibt Liebermann: »[...] Ein Mensch, drei Kopf größer als ich und so breit. [...] Ich denke, kann man denn so etwas überhaupt malen? Das ist ja kein Mensch,

Bildnis Baron Alfred von Berger (1. Fassung)
1905, Öl auf Leinwand, 111 x 92 cm, Staatliche Kunstsammlungen Dresden, Gemäldegalerie Neue Meister

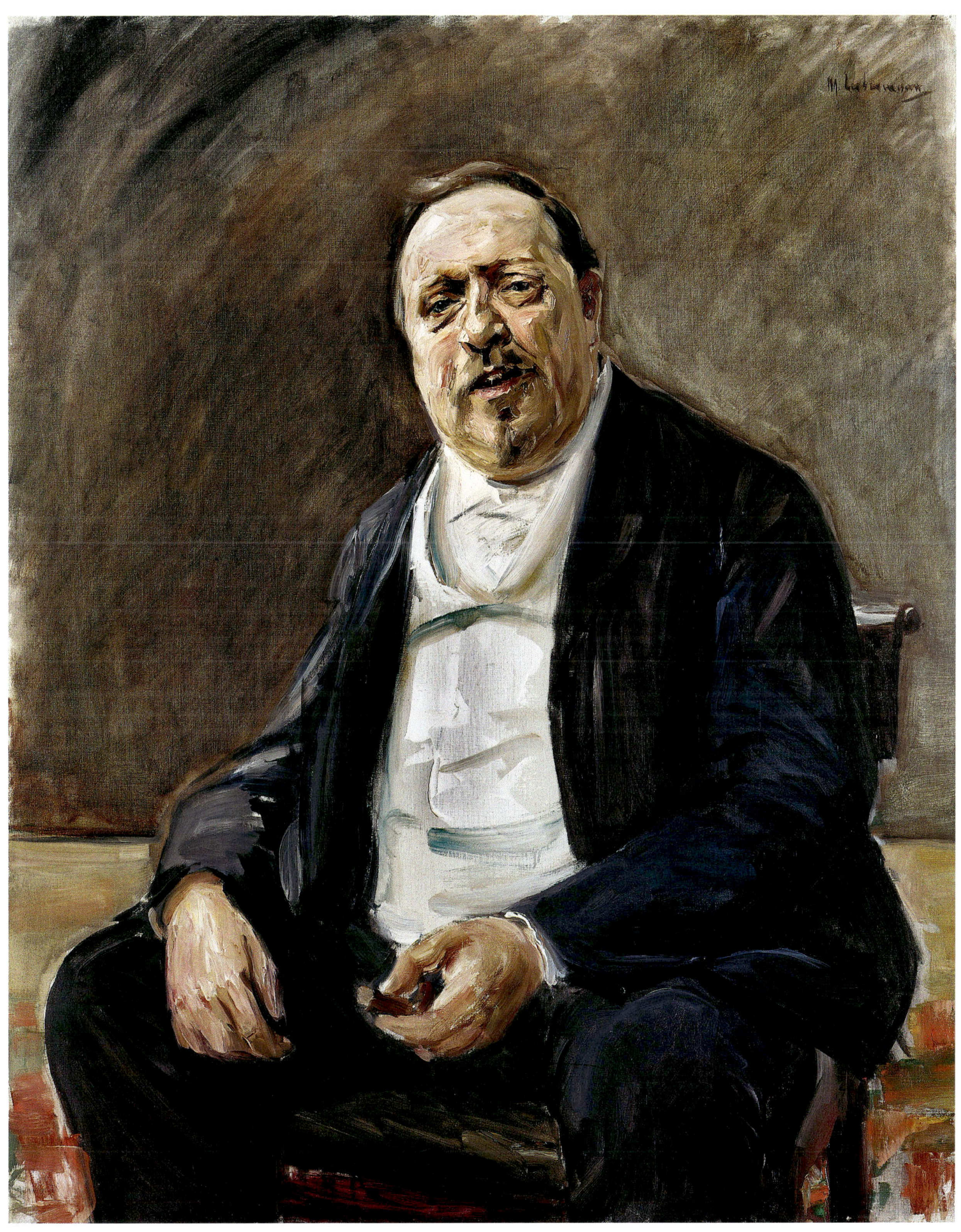

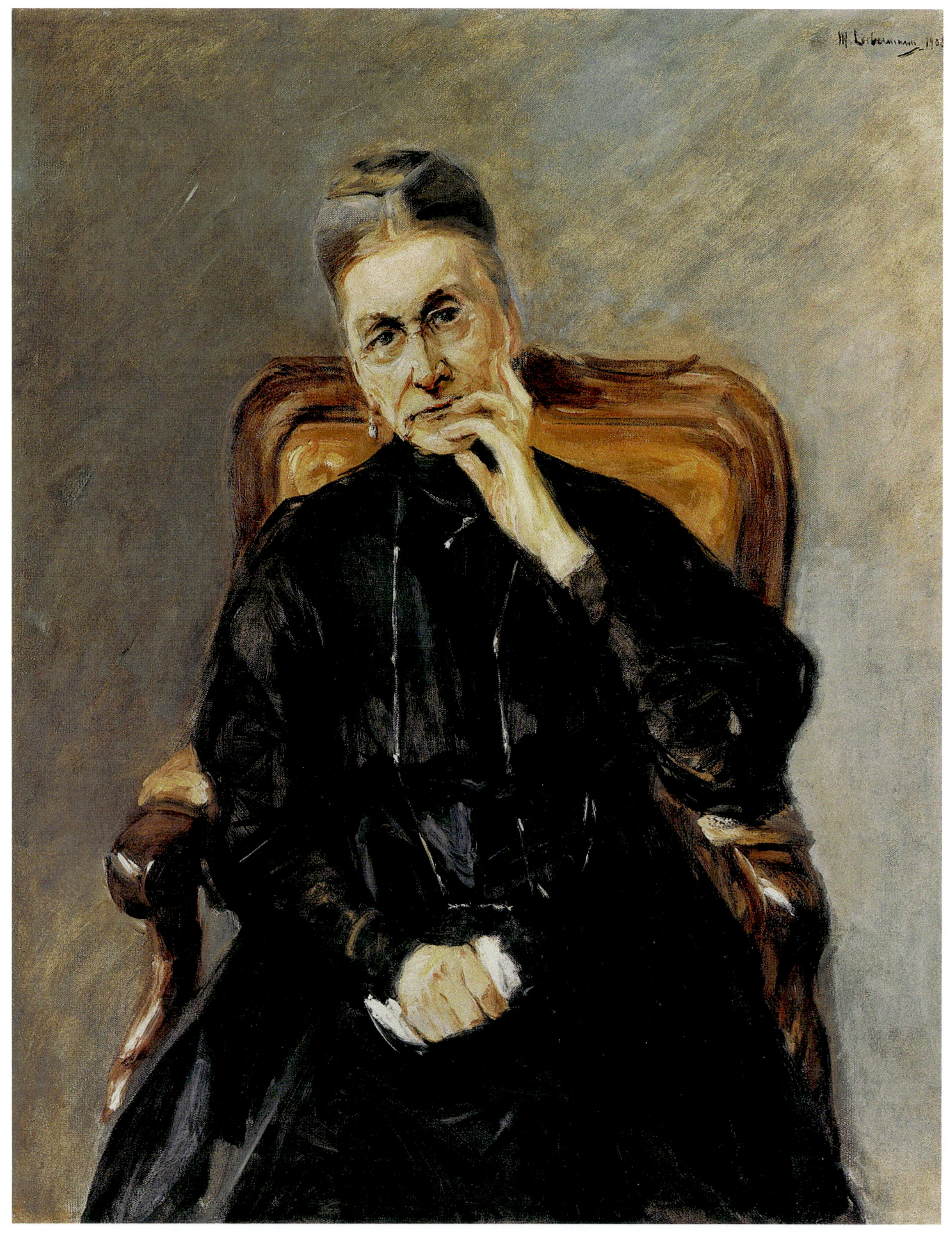

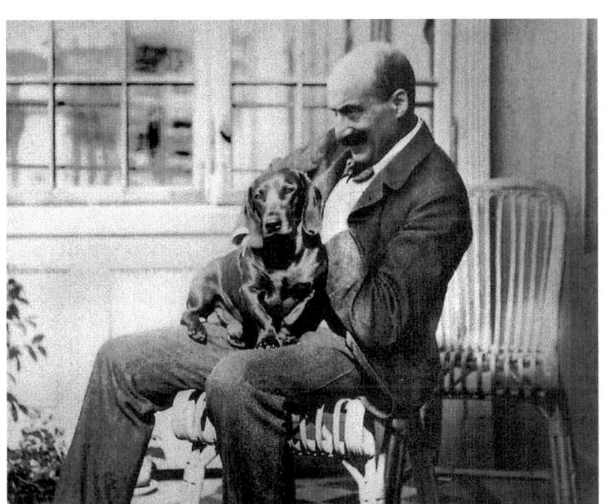

Max Liebermann mit Dackel Männe, 1910

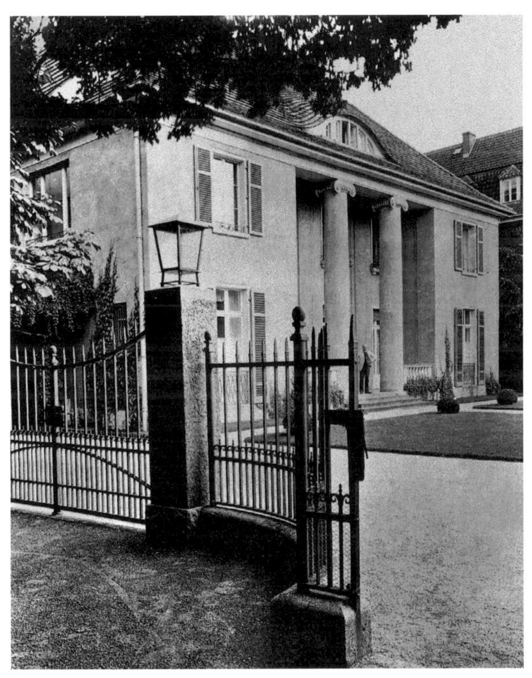

Max Liebermanns Villa am Wannsee.
Der Maler steht zwischen den Säulen am Eingang, 1914

Bildnis Frau Kommerzienrat Bertha Biermann
1908, Öl auf Leinwand, 111 x 70 cm, Privatbesitz, Deutschland

das ist ja ein Rhinozeros. [...] Unten fing er sogleich zu erzählen an, und wie ich ihn so dasitzen sah, kam es mir wie eine Erleuchtung: so und nicht anders ist dieser Mann zu malen.« Liebermann setzt den vitalen, massigen Mann in entspannter Haltung, die Zigarre lässig zwischen den Fingern, vor einen neutralen Hintergrund. Kein Accessoire deutet auf Herkunft, Stellung und Beruf des Porträtierten, eine Liebermannsche Besonderheit, die für die Porträts dieser Zeit ungewöhnlich ist. Haltung, Mimik und Gestik des mit raschen Pinselschwüngen erfassten Mannes reichen aus, um einen bis heute lebendigen Eindruck von seiner Vitalität und Geistesgröße zu vermitteln. Ein zweites, drei Jahre später entstandenes Bildnis, *Frau Kommerzienrat Bertha Biermann,* gibt einen weiteren Eindruck von Liebermanns meisterhafter Porträtkunst. Beim Bildnis des Barons von Berger gelingt es Liebermann hervorragend, dessen kraftvolle, lebendige Ausstrahlung einzufangen. Im Porträt der Bertha Biermann, der Witwe eines Bremer Kaufmanns, sind es die ruhige Würde und Schönheit der älteren Frau, die der Künstler einfühlsam erfasst und im Bild mit sicherem Gespür für die Wirkung der gedämpften Farben wiedergibt. Liebermann schreibt dazu: »Die es im Atelier sahn, fanden es eins meiner besten.«

Neben den Porträts entstehen in diesen Jahren auch immer wieder Bilder mit Motiven vom holländischen Strandleben. 1913 reist Liebermann zum letzten Mal nach Holland. Im Jahr darauf bricht kurz vor Reisebeginn der Erste Weltkrieg aus und versperrt für die nächsten Jahre den Weg dorthin. Nach Kriegsende nimmt Liebermann die Reisen nicht mehr auf. Er fürchtet, dass nach den kriegerischen Auseinandersetzungen ein unbefangener Umgang mit Land und Leuten nicht mehr möglich sei. Das letzte Bild, das nach holländischen Vorstudien entsteht, ist der *Jäger in den Dünen*. Liebermann begleitet dazu eine Jagdgesellschaft mit ihrer Hundemeute und macht diverse Studien zu den Tieren, die ihn faszinieren. Er selbst besitzt als junger Mann ein eigenes Pferd, mit dem er oft im Tiergarten ausreitet. In den folgenden Jahren werden die Dackel Michel und später Männe seine ständigen Begleiter.

Ein weiterer Grund, die in seinem Alter auch beschwerlich werdenden Reisen aufzugeben, ist der Bau eines eigenen Landhauses am Wannsee. 1909 erwirbt Liebermann ein Grundstück am Großen Wannsee zwischen Berlin und Potsdam, errichtet darauf eine Villa und lässt einen Garten anlegen. Im Juli 1910 ist das Haus bezugsfertig und Liebermann verbringt den ersten Sommer im »Schloß am See: [...] es ist ein Klein-Versailles.« Das Haus wird in den

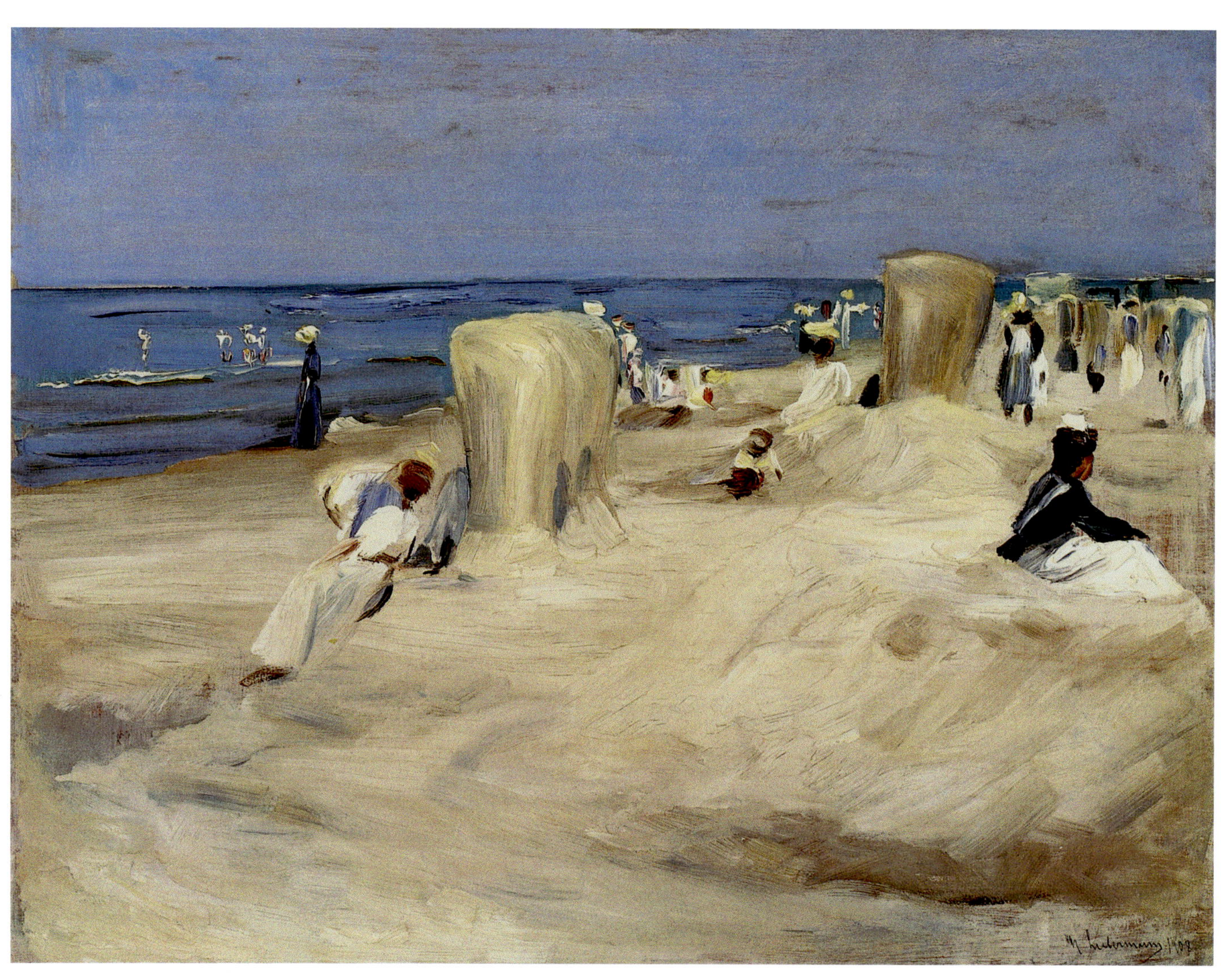

Strand in Noordwijk
1908, Öl auf Holz, 54,5 x 72,5 cm, Privatbesitz, Hamburg

nächsten Jahren zum Rückzugsort vor den kulturpolitischen Auseinandersetzungen in Secession und Akademie und zur Inspirationsquelle für einen bedeutenden Teil seines Alterswerkes.

In seiner Funktion als Präsident der Secession gerät Liebermann in Konflikt mit der nachfolgenden Malergeneration der Expressionisten, für deren Kunst er kein Verständnis aufbringen kann. Seine Kunstanschauung ist im 19. Jahrhundert und in der Gedankenwelt des Impressionismus verwurzelt, für dessen Durchsetzung er sich mit einem wesentlichen Teil seines Leben eingesetzt hatte. Die Erkenntnis, dass diese Kunstform jetzt überholt ist, kann und will er nicht nachvollziehen. 1911 zieht er die Konsequenz aus den Auseinandersetzungen und tritt als Präsident der Secession zurück. In diesen unruhigen Jahren, die von Umbrüchen und Spannungen innerhalb der Künstlerverbände geprägt sind, entsteht eines seiner bekanntesten Selbstbildnisse, das Liebermann für die Hamburger Kunsthalle malt. Die Begeisterung, die es beim Auftraggeber auslöst, ist für den Künstler eine Bestätigung seines infrage gestellten Kunst- und Selbstverständnisses: »Denn das Menschliche ist das einzig Bleibende in der Kunst, alles andere [...] vergeht und wird, wenn es unmodern geworden, zum alten Eisen geworfen.«

In seinen Bildern konzentriert sich der Maler nun hauptsächlich auf Motive aus seiner unmittelbaren Umgebung. Der Ausbruch des Ersten Weltkriegs veranlasst den Künstler, so oft wie möglich aus der hungernden Hauptstadt in die ländliche Idylle am Wannsee zu entfliehen. Eine Auseinandersetzung mit dem Krieg findet in seinen Bildern nicht statt. Zwar steuert er wie viele andere Künstler einige Blätter für die von Paul Cassirer herausgegebenen *Kriegsflugblätter* bei, aber das bleibt für seine Haltung zum Krieg letztlich unbedeutend. Er ist als vielgereister Künstler zu sehr Kosmopolit, um sich in eine anhaltende Kriegsbegeisterung oder den Hass auf andere Nationen hineinzusteigern. Einzelne Details wie die Rückenfigur eines Soldaten auf dem Bild *Gartenlokal an der Havel* von 1915 oder das ausgedehnte *Kohlfeld im Wannseegarten* von 1917 können als Reflektion auf die Kriegsumstände gedeutet werden, haben aber keine entscheidende Bedeutung für seine Bilder.

Der Garten der Wannseevilla, den er unmittelbar nach Fertigstellung des Hauses anlegen lässt, wird das zentrale Thema der Bilder ab 1914. Über die Gestaltung des Gartens hat sich ein umfangreicher Briefwechsel mit dem

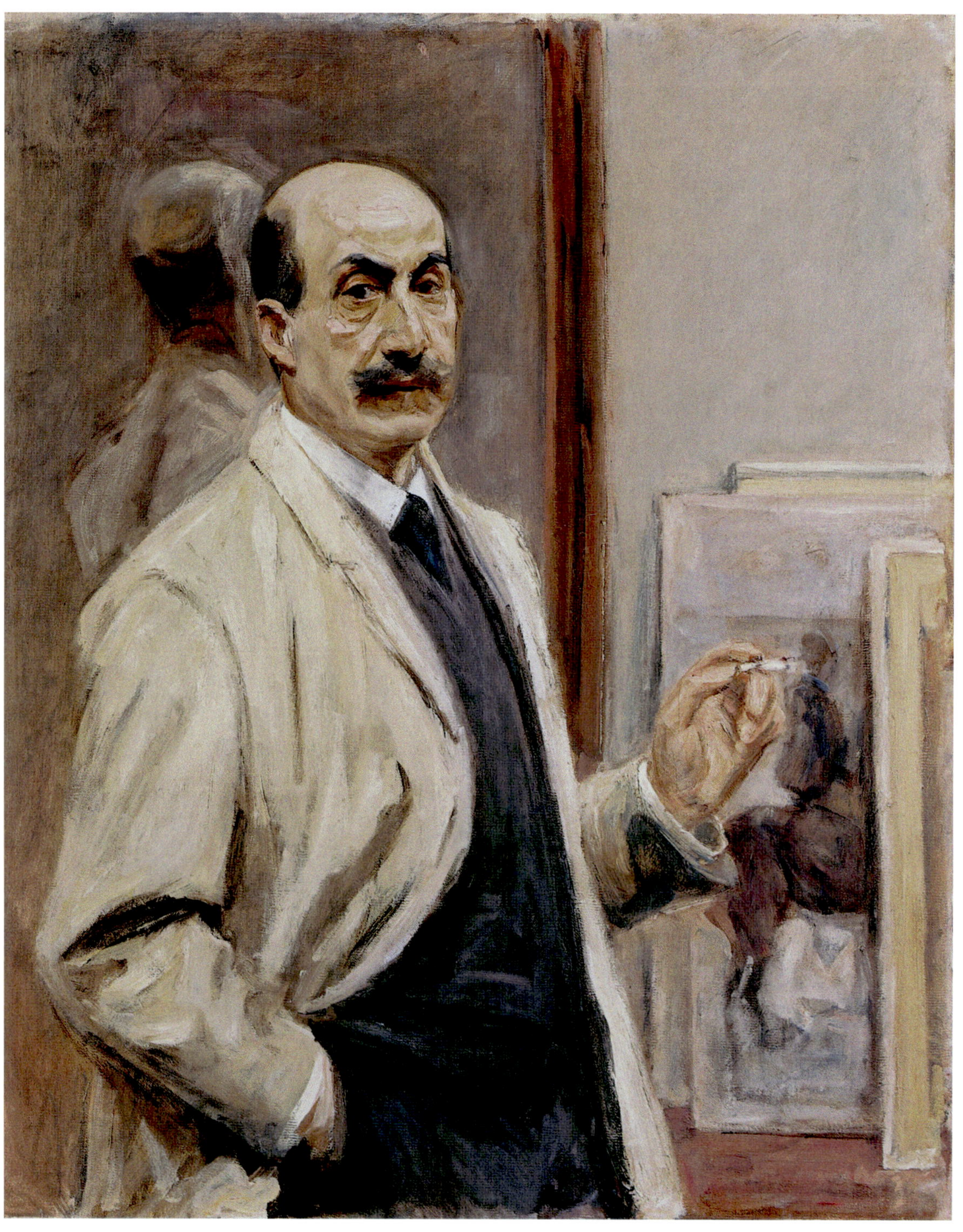

Selbstbildnis
1910, Öl auf Leinwand, 112 x 92,5 cm, Hamburger Kunsthalle

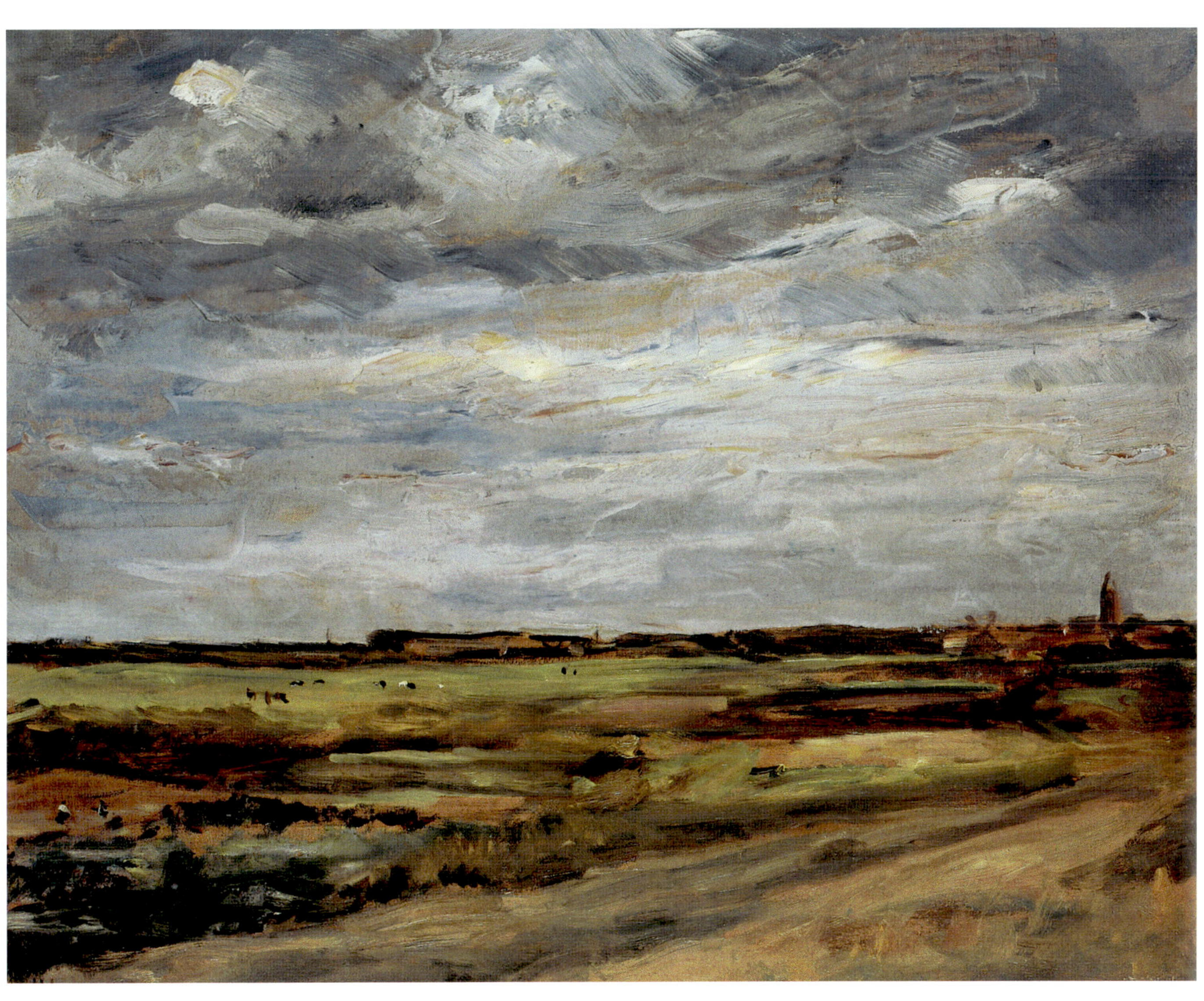

Bei Noordwijk – Dünen von Noordwijk
1906, Öl auf Holz, 63 x 69 cm, SMB Alte Nationalgalerie

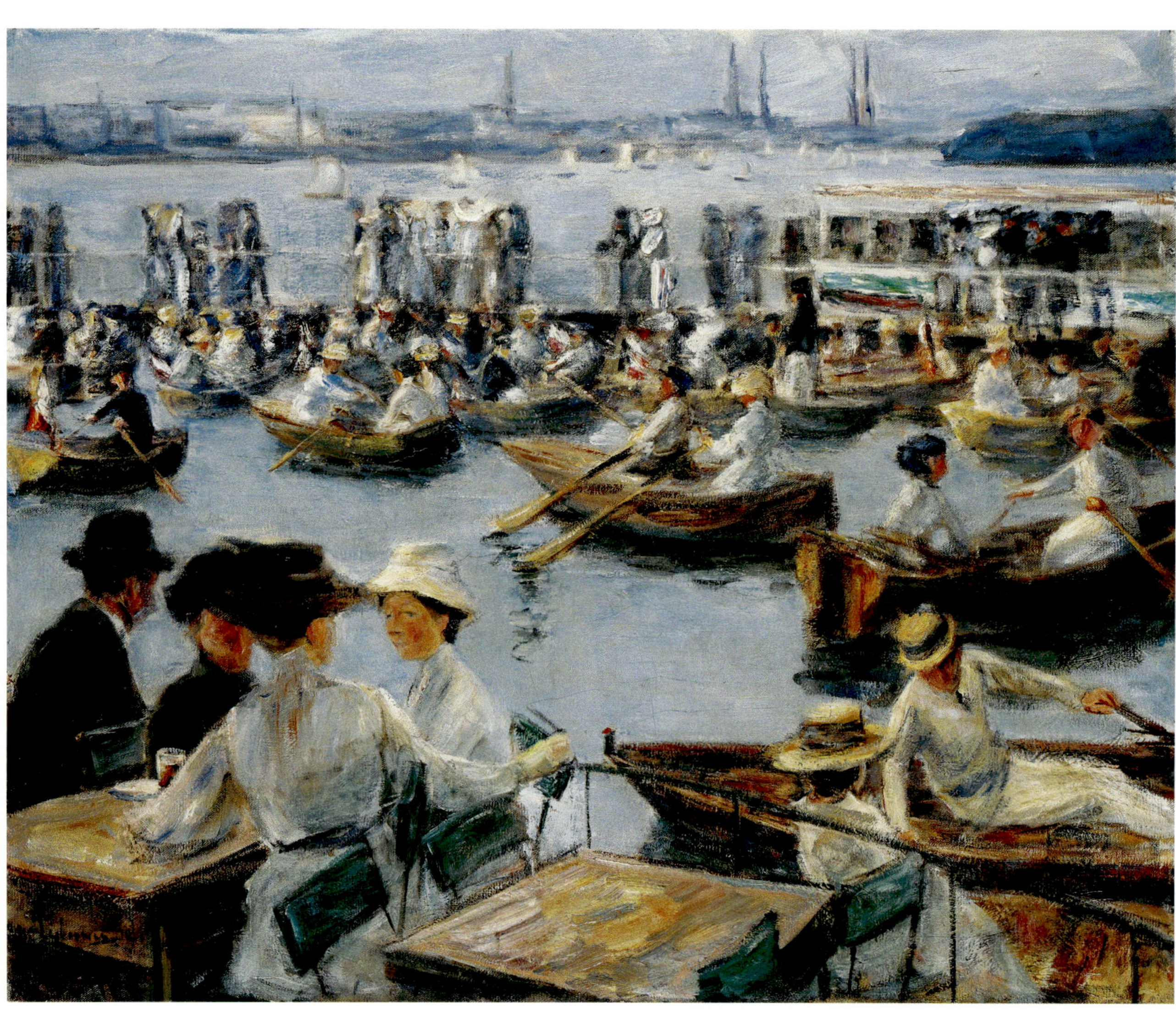

An der Alster in Hamburg
1910, Öl auf Leinwand, 85,5 x 104 cm, Staatliche Kunstsammlungen Dresden, Gemäldegalerie Neue Meister

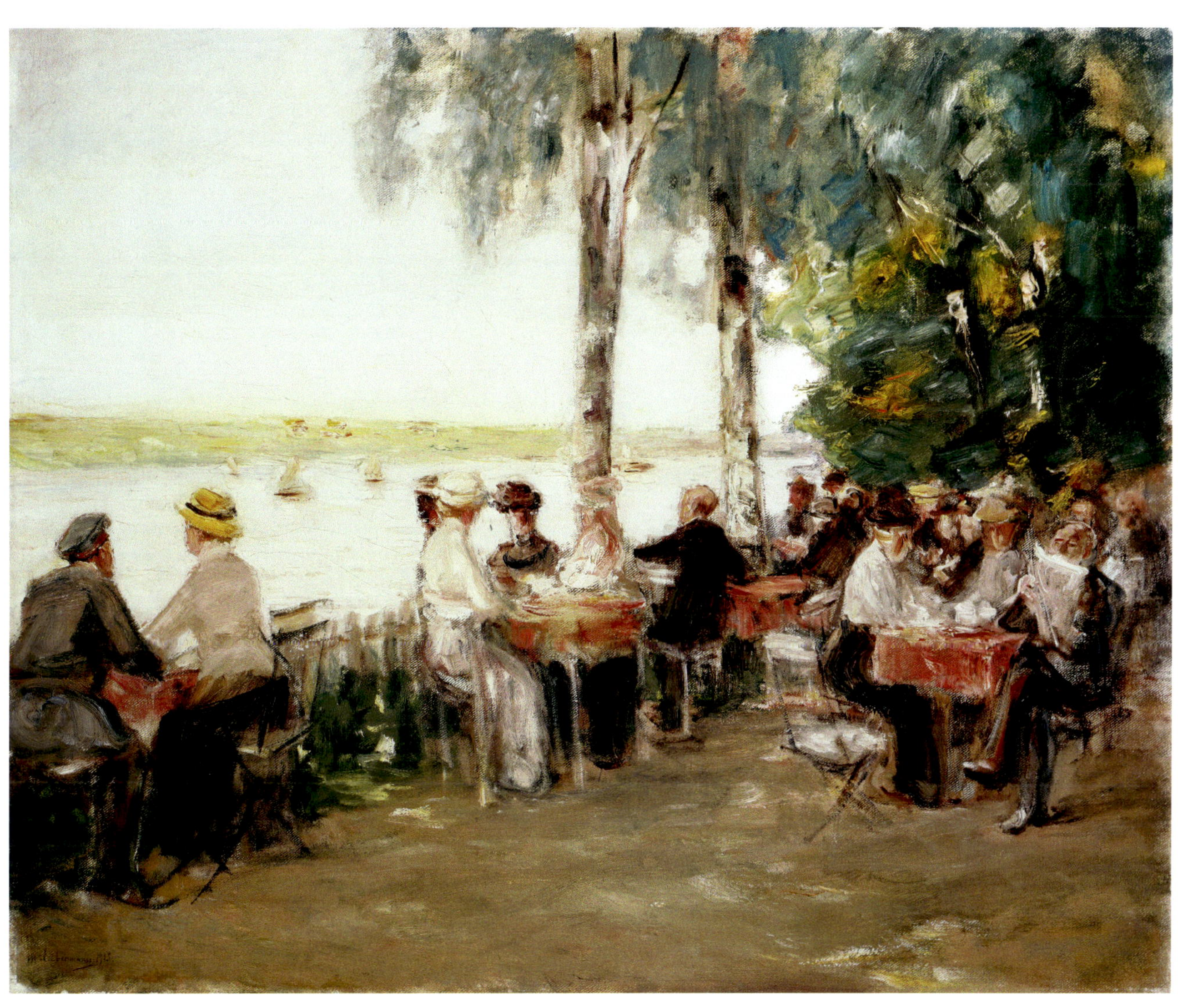

Gartenlokal an der Havel – Nikolskoe
1916, Öl auf Leinwand, 71,5 x 86,5 cm, SMB Alte Nationalgalerie

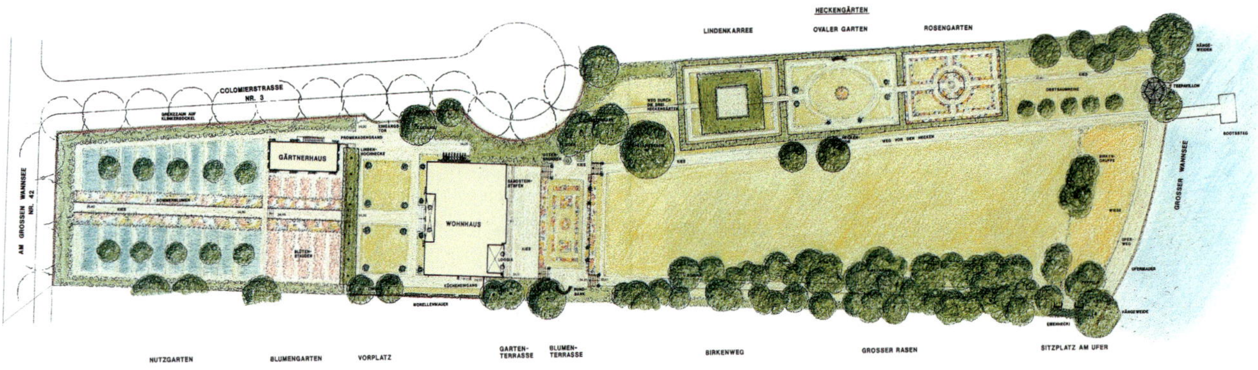

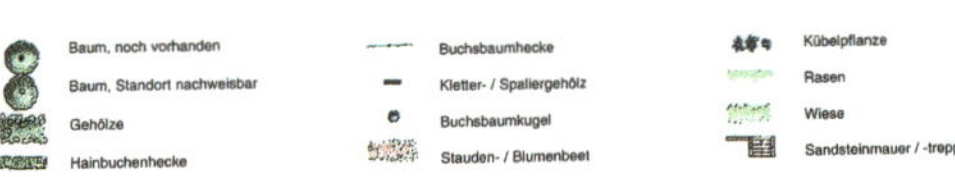

Rekonstruktionsplan des Gartens im Zustand von 1927. Reinald Eckert, 1994

Direktor der Hamburger Kunsthalle Alfred Lichtwark erhalten, der für Liebermann über viele Jahre ein wichtiger Gesprächspartner ist. Lichtwark gilt als ausgewiesener Kenner der Gartengestaltung und Liebermann nutzt dessen Kenntnisse, um den Garten zu einem kleinen Paradies zu machen. Das großzügige Gelände wird in verschiedene Gartenbereiche aufgeteilt, die je nach Stimmung und Bedarf genutzt werden. Es gibt eine großzügige Gartenterrasse am Haus, eine Blumenterrasse, Heckengärten, Stauden- und Nutzgarten sowie eine weite, baumbestandene Wiesenfläche, die zum See hin abfällt. Liebermann hat alle diese Elemente des Gartens in fast 200 Ölbildern festgehalten, dazu kommen unzählige Skizzen, Pastelle, Aquarelle und graphische Arbeiten.

Die Wannseebilder sind ein eigener Bestandteil im Werk Liebermanns, nicht nur durch die große Zahl, sondern als ein eigenes, neues Thema, das er in der Tradition der französischen Impressionisten – allen voran Claude Monet mit den Bildern aus Giverny – auf eigene Weise interpretiert und fortentwickelt.

Eines der schönsten Bilder, die im Wannseegarten entstehen, zeigt (vermutlich) die Tochter Käthe auf der Gartenbank unter den schwer herabhängenden Ästen eines Kastanienbaums. Der Bildausschnitt ist eng gewählt und lenkt den Blick auf die hell gekleidete Frauengestalt. Man kann das Gemälde von 1917 als Sinnbild dessen verstehen, was Haus und Garten am Wannsee für den Maler bedeuten: ein Refugium für sich und die Familie, ein Ort, ganz dem Schauen und Erleben der Natur gewidmet, unbeeinflusst von den Zeitläufen und den Veränderungen, die sie mit sich bringen. Liebermann ist stolz darauf,

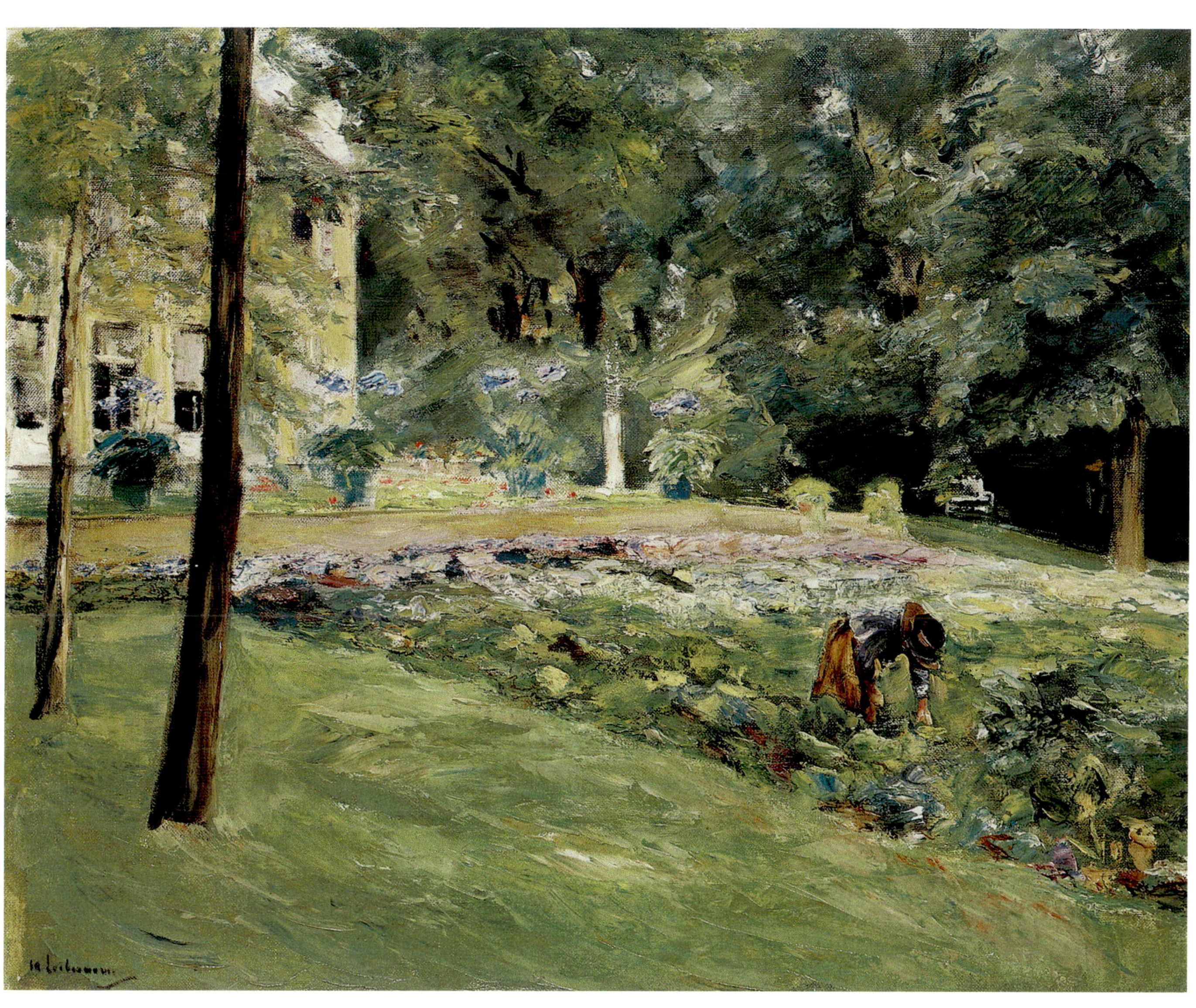

Kohlfeld im Wannseegarten nach Nordwesten
1917, Öl auf Leinwand, 71,5 x 90,5 cm, Standort unbekannt

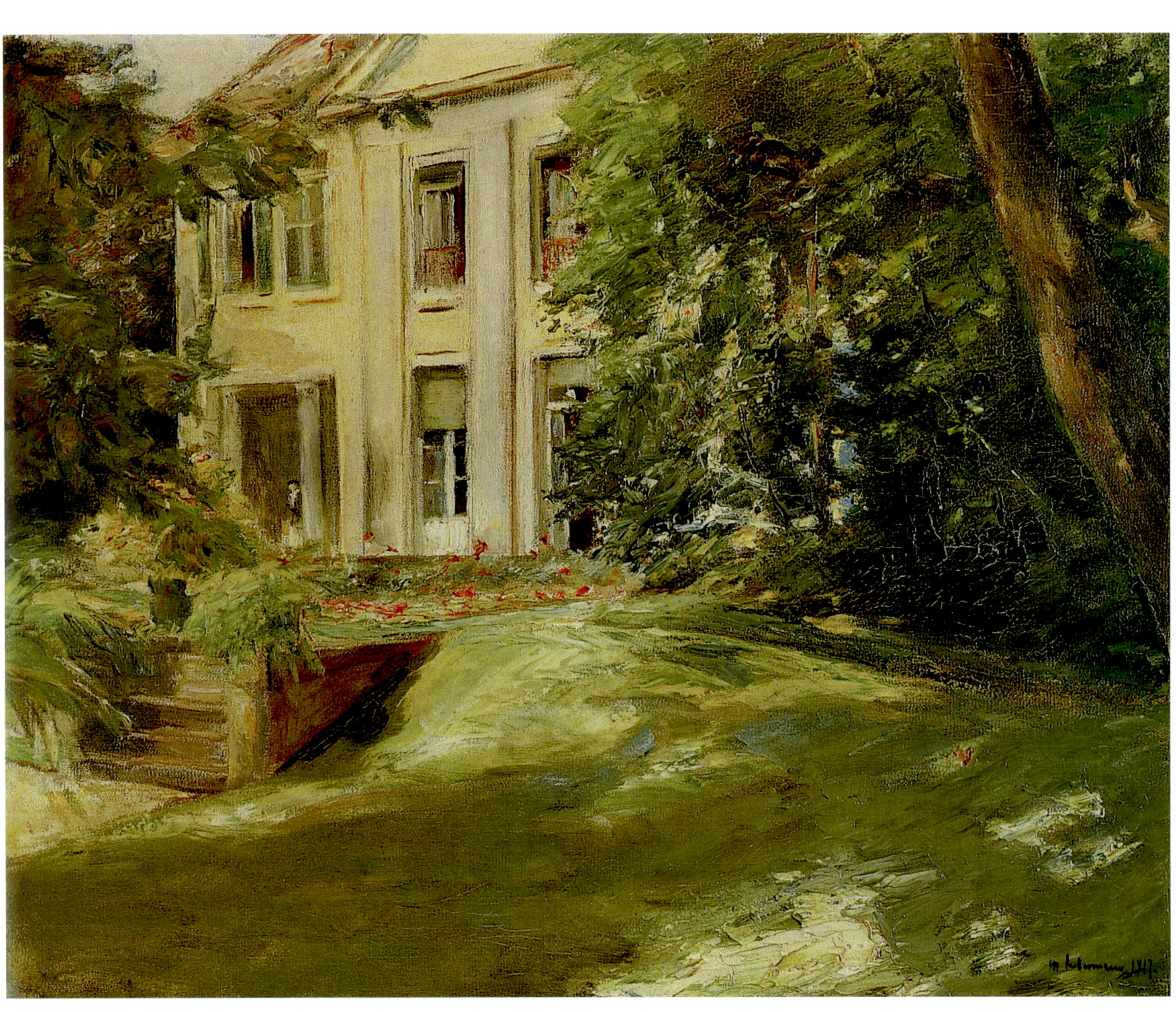

Haus und Terrasse nach Südwesten
1917, Öl auf Leinwand, 74 x 93 cm, Privatbesitz, Schweiz

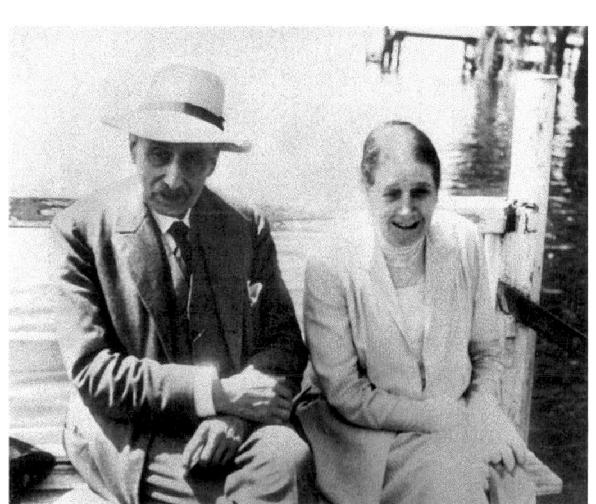

Max und Martha Liebermann auf ihrem Bootsteg am Wannsee, 1932

dass er das Haus am Wannsee mit dem Erlös seiner Arbeit erworben hat. Er empfindet es in stärkerem Maße als das Palais am Pariser Platz als *sein* Haus.

Der stete Wechsel zwischen Stadt- und Landhaus kennzeichnet die Jahre ab 1914. Trotz aller Skepsis nimmt Liebermann weiterhin Einfluss auf das kulturelle Leben der Stadt. In seiner Eigenschaft als Präsident der Akademie der Künste ab 1920 sucht er den Ausgleich zwischen Tradition und Moderne. Er setzt sich dafür ein, dass Käthe Kollwitz als erste Frau aufgenommen wird und verteidigt in einem Brief an den Direktor des Kölner Wallraf-Richartz-Museums den heftig umstrittenen Ankauf von Otto Dix' Antikriegsgemälde *Der Schützengraben*. Dass Liebermann auch als Akademiepräsident kein einfacher Partner ist, zeigt seine Äußerung von 1930: »Ick bin für Despotie. Besonders bei uns Künstlern. Sehen Sie, ick bin zehn Jahre Präsident und die ganzen zehn Jahre Despot.« Die Situation innerhalb der Akademie ebenso wie in der Kulturpolitik erfordert allerdings auch eine klare Haltung und energisches Handeln. Unter seiner Führung erlebt die Akademie eine reiche Ausstellungstätigkeit, unter anderem mit den von ihm eingeführten »Schwarzweissaustellungen«, bei denen die von ihm so überaus geschätzte Zeichnung ebenso wie Graphik im Mittelpunkt stehen. In seinem künstlerischen Schaffen bleiben, neben den Bildern mit Motiven aus dem Wannseegarten, Porträts ein wichtiges Element, deren Vielfalt die Beispiele *Bildnis Lola Leder* oder *Bildnis des Chirurgen Professor Ferdinand Sauerbruch* belegen.

Mit den Porträts der Lola Leder, der Frau eines reichen Berliner Pelzgroßhändlers, gelingen Liebermann Bilder, die jene Sinnlichkeit und Intimität ausstrahlen, die den frühen Frauenbildnissen fehlen.

1930 malt Liebermann ein großes Porträt seiner Frau Martha, seiner Ehegefährtin der vergangenen 46 Jahre. Liebermann hat seine Familie oft skizziert. Meist werden Frau und Tochter ruhend oder lesend dargestellt, seinem Verständnis von der häuslichen Rolle der Frau entsprechend.

Martha Liebermann wird als zurückhaltend, klug und elegant im gesellschaftlichen Umgang beschrieben. Ihre Mutter war eine engagierte Vorkämpferin für die Frauenrechte, sie selbst tritt bescheiden hinter ihren im Licht der Öffentlichkeit wirkenden Mann zurück. Das Leben an der Seite Max Liebermanns war sicher nicht einfach. Sein sprödes Naturell, seine oft verletzende Art im Umgang mit anderen Menschen wird auch sie zu spüren

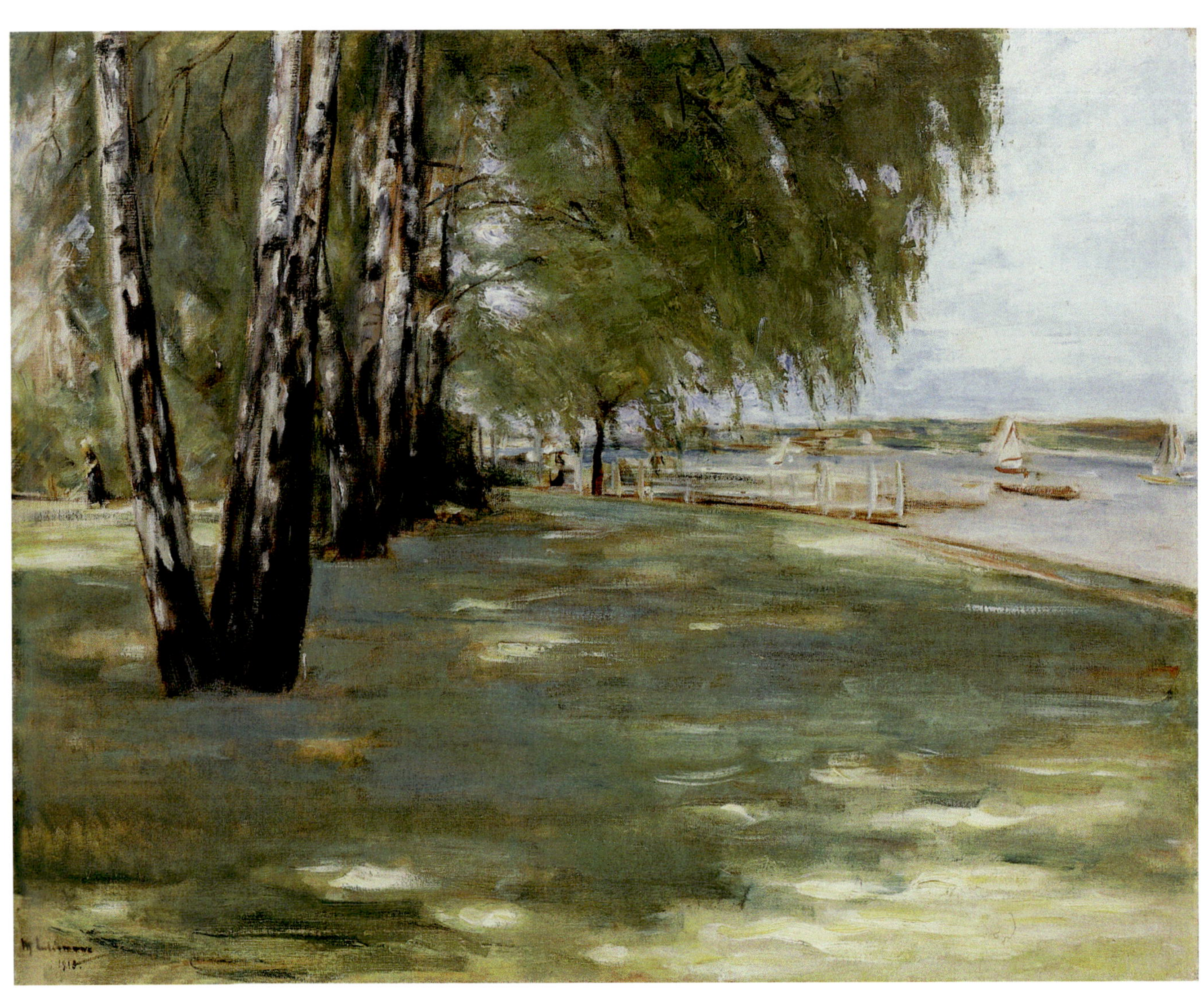

Birken am Seeufer im Wannseegarten nach Norden
1918, Öl auf Leinwand, 70 x 90,3 cm, Hamburger Kunsthalle

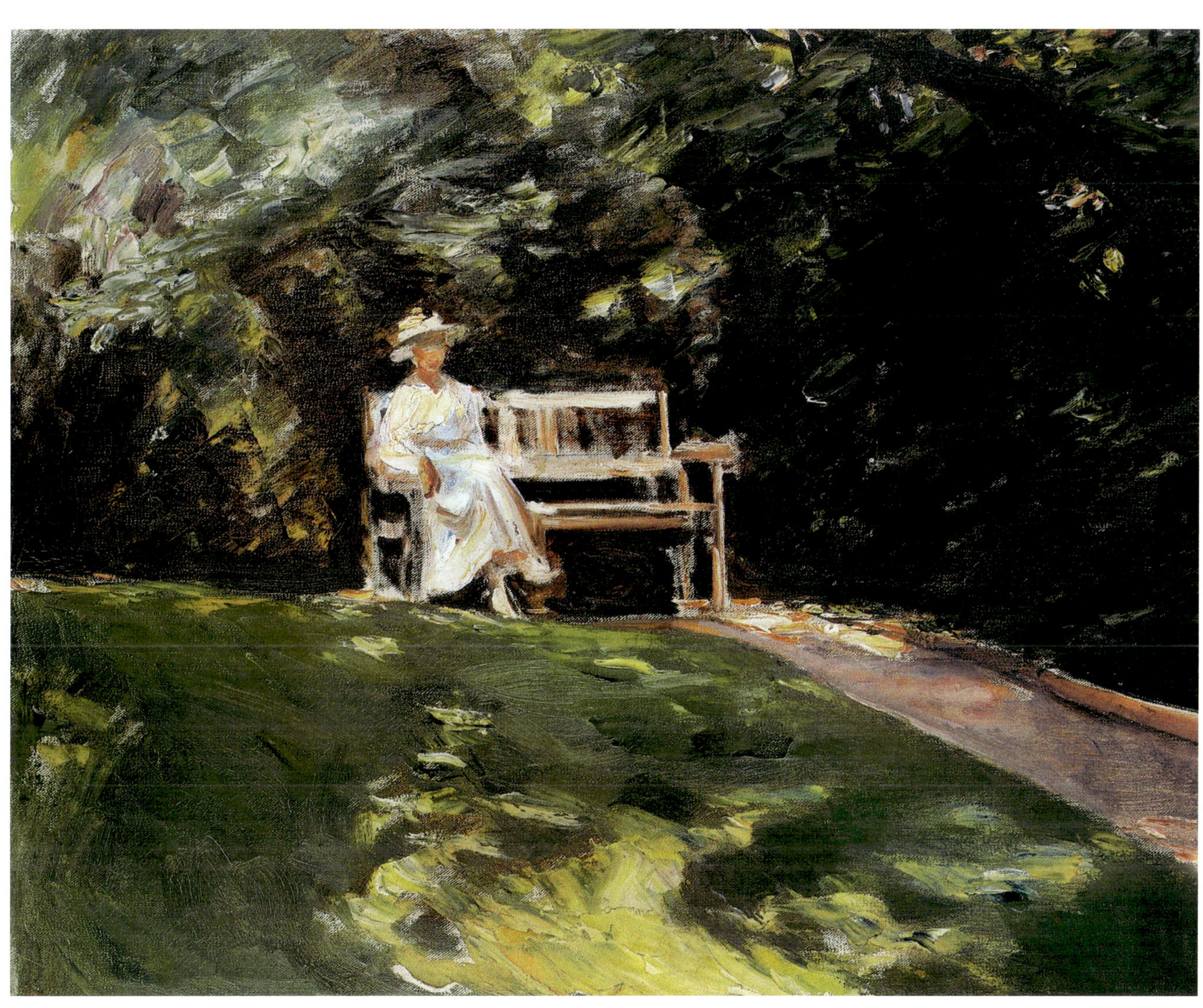

Die Gartenbank
1916, Öl auf Leinwand, 71 x 86 cm, SMB Alte Nationalgalerie

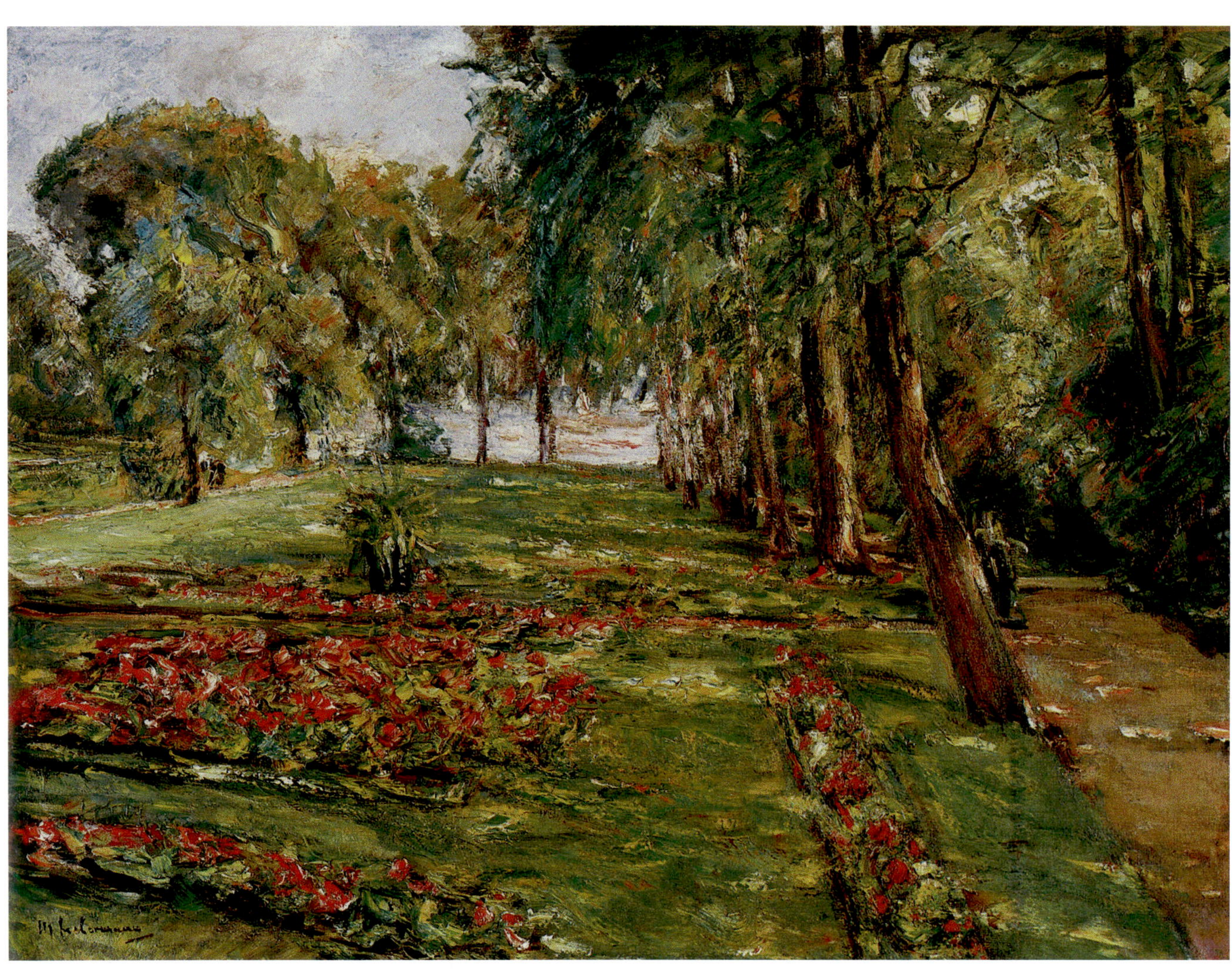

Die Blumenterrasse in Wannsee und der große Rasen nach Osten
1920 (?), Öl auf Leinwand, 88,5 x 119 cm, Privatbesitz

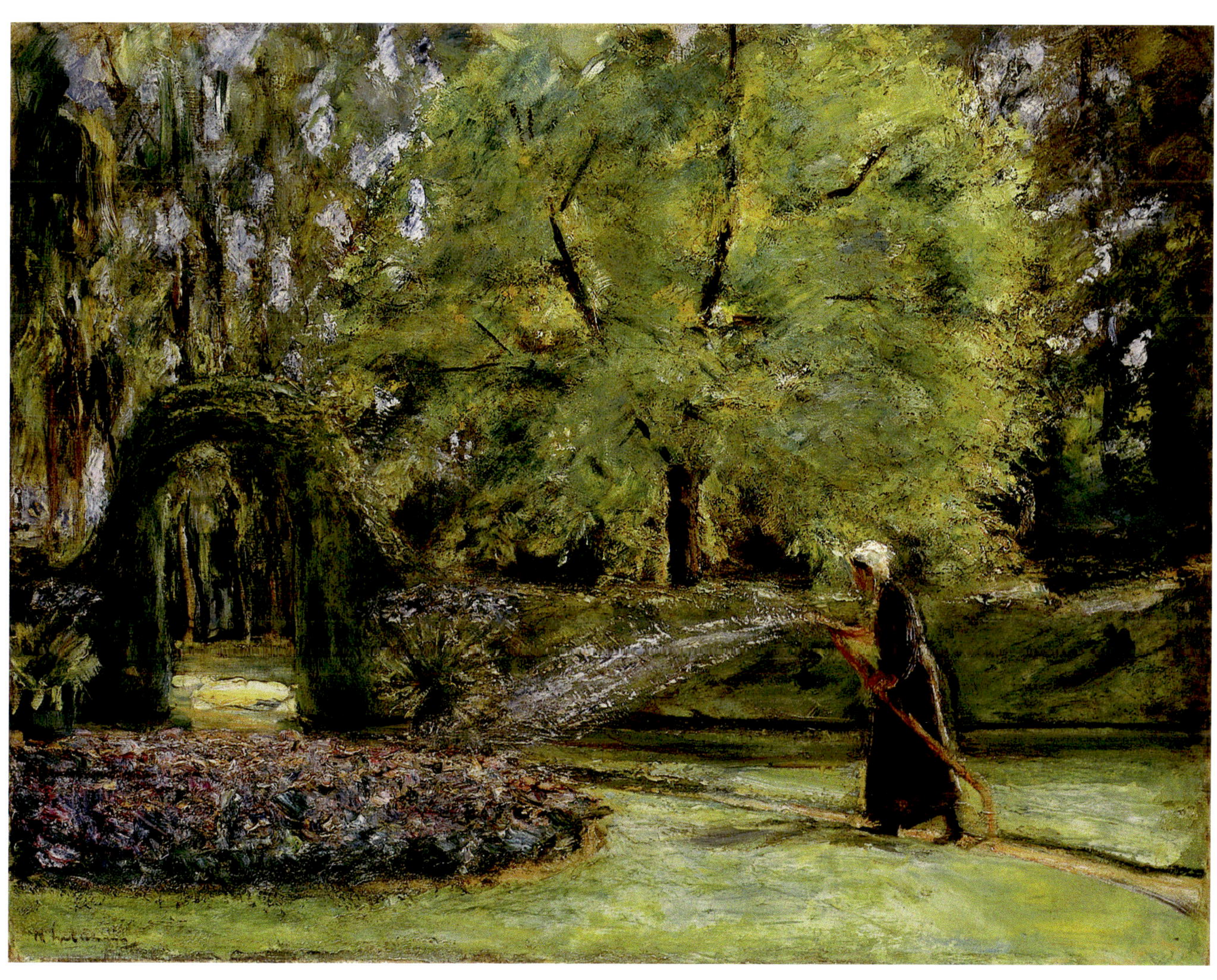

Das Rondell im Heckengarten mit Blumensprengerin
1925, Öl auf Leinwand, 71,5 x 93 cm, Privatbesitz, Schweiz – als Dauerleihgabe im Kunstmuseum Winterthur

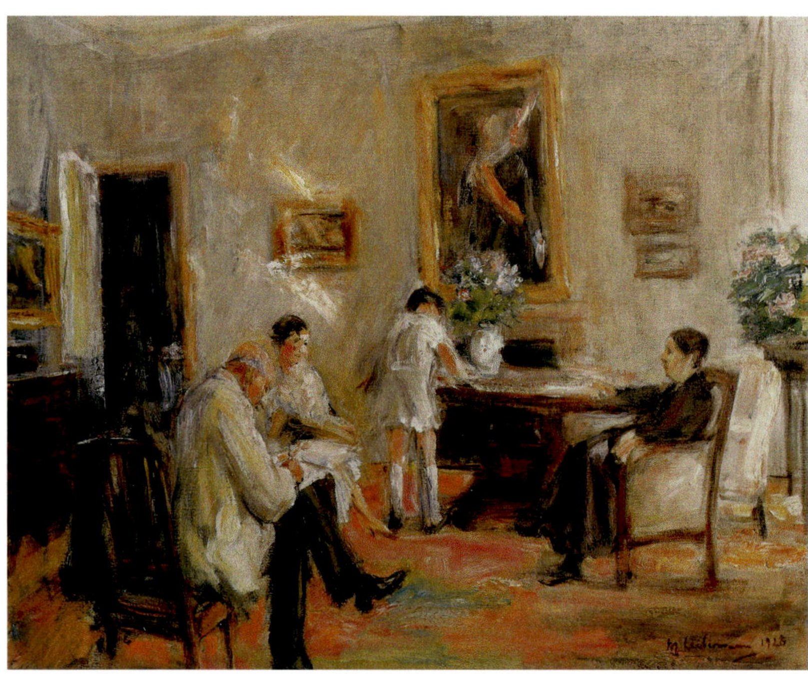

Der Künstler skizzierend im Kreise seiner Familie, 1926, Öl auf Leinwand, 57,5 x 72 cm, Privatbesitz, Wertheim

bekommen haben. Bezeichnend ist ein Satz, dessen Treffsicherheit allerdings fast zu gut sitzt, als dass er verbürgt werden könnte: »Weißt Du Max, es war zwar eine Ehre, aber kein Vergnügen, mit Dir verheiratet zu sein.«

Das letzte große Porträt im Werk Liebermanns gilt dem bedeutenden Chirurgen Ferdinand Sauerbruch, Gartennachbar Liebermanns am Wannsee. Die Familien standen im freundschaftlichen Kontakt miteinander, Sauerbruchs Sohn Hans war zeitweilig Schüler bei Liebermann.

Darüber, ob Sauerbruch dem Maler Modell gesessen hat oder nicht, gibt es widersprüchliche Aussagen. Sauerbruch jedenfalls überliefert in seiner Biographie eine Porträtsitzung, bei welcher der Maler dem ungeduldig werdenden Modell erklärt: »Wenn Sie'n Fehler machen, dann deckt ihn anderntags der jrine Rasen. Aber'n Fehler von mir sieht man über hundert Jahre an de Wand häng'n.« Mit dem großartigen Sauerbruch-Porträt erreicht Liebermann noch einmal einen Höhepunkt in seiner Darstellungskunst. Die Person des Arztes ist groß ins Bild gesetzt, ohne dass der persönliche Charakter, der Eindruck lebhafter Zuwendung zum Betrachter verloren geht. Auch im hohen Alter hat Liebermann nichts von seiner malerischen Auffassungsgabe und Gestaltungskraft verloren.

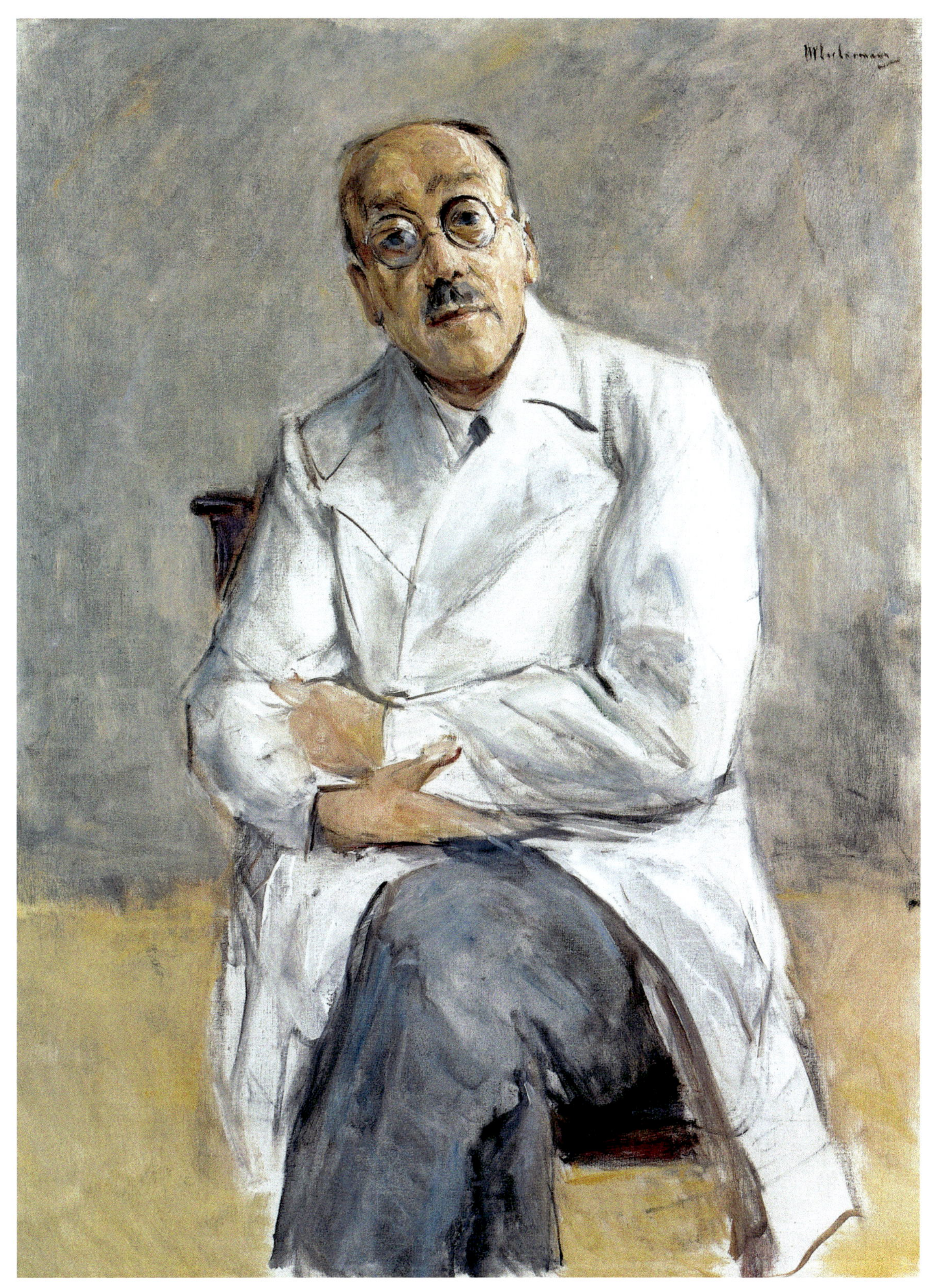

Bildnis des
Chirurgen Professor
Ferdinand Sauerbruch
1932, Öl auf Leinwand,
117,2 x 89,4 cm,
Hamburger Kunsthalle

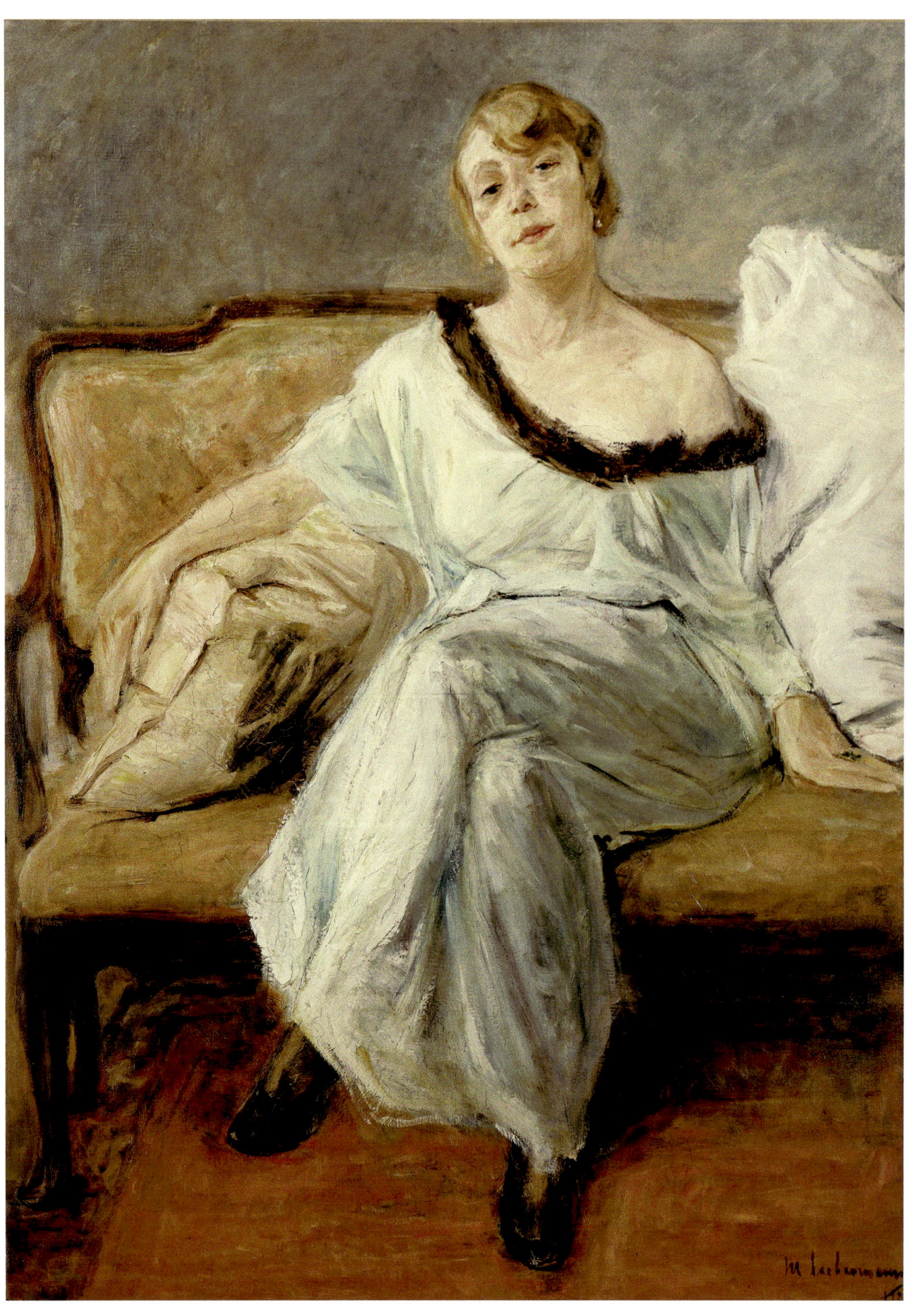

Bildnis Lola Leder
1922, Öl auf Leinwand, 150 x 115 cm, mpk Museum Pfalzgalerie Kaiserslautern

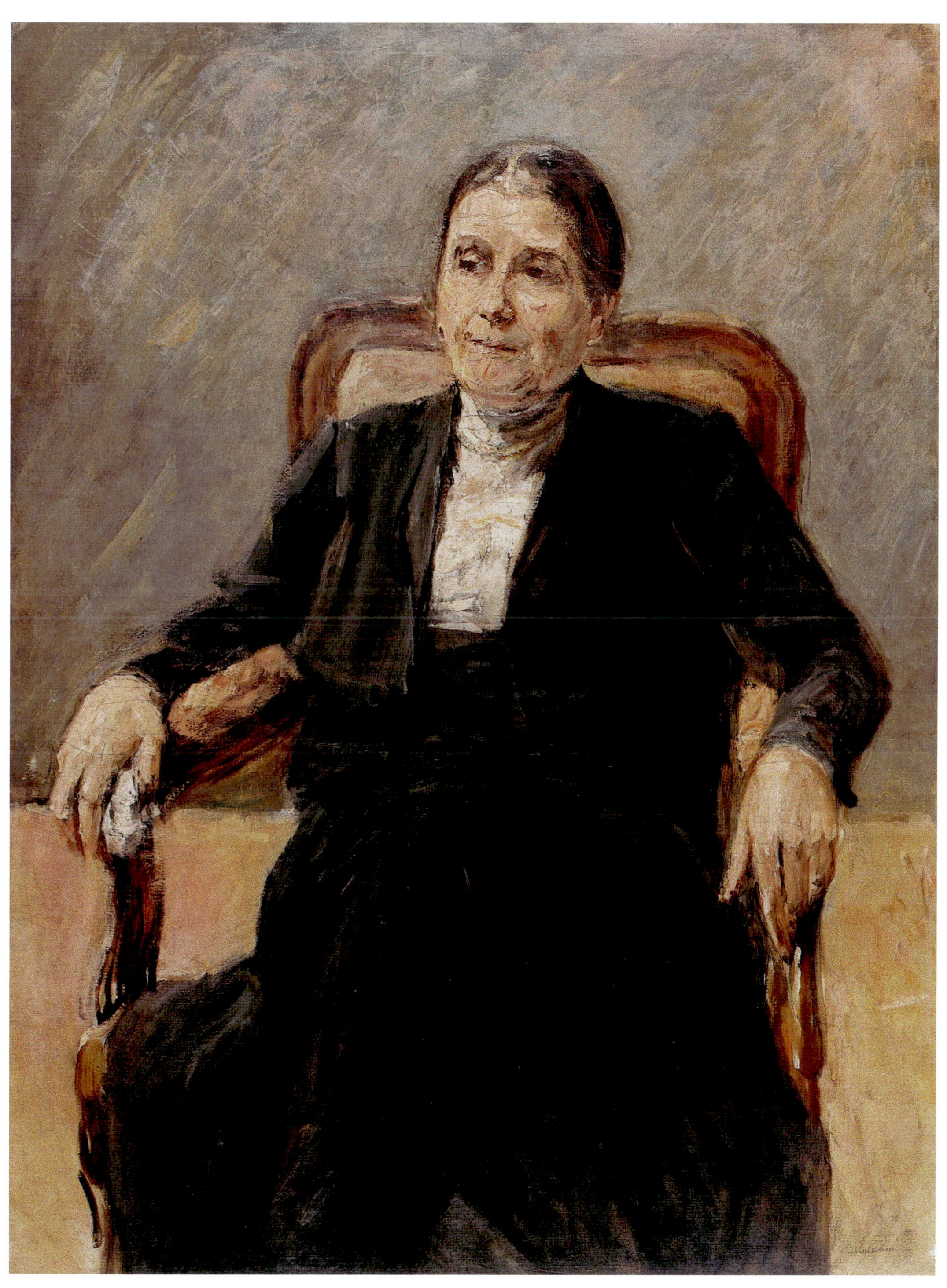

Bildnis Martha Liebermann, der Gattin des Künstlers
1930, Öl auf Leinwand, 115,8 x 91 cm, Privatbesitz, Deutschland

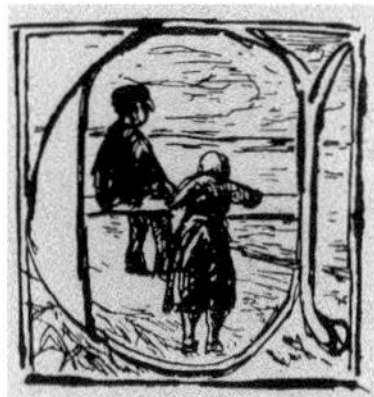

m 30. Januar 1933 wird Hitler Reichskanzler. Den Fackelzug durchs Brandenburger Tor, mit dem die SA das Ereignis feiert, beobachtet Liebermann aus dem Fenster seines Hauses und kommentiert ihn mit den berühmt gewordenen Worten: »Ick kann jar nich so viel fressen wie ick kotzen möchte.« Die unmittelbar darauf einsetzenden Repressalien bekommt Liebermann als Ehrenpräsident der Akademie zu spüren, was dazu führt, dass er nach über zehnjähriger Präsidentschaft sein Amt niederlegt und seinen Austritt erklärt. Das, wofür Liebermann als Künstler und deutscher Bürger jüdischer Herkunft sein Leben lang eingestanden ist, gilt nun nicht mehr. Noch im Mai dieses Jahres liefert die Familie Liebermann den wertvollsten Teil ihrer umfangreichen Kunstsammlung als Depot Riezler-Liebermann im Kunsthaus Zürich ein und rettet dadurch einen großen Teil der Werke vor Beschlagnahmung und Zerstörung. Gegen die zunehmende Ausgrenzung und Verunglimpfung Liebermanns in der Presse schreitet kaum einer seiner früher so zahlreichen Bewunderer ein. Oskar Kokoschka ist der einzige, der für Liebermann das Wort ergreift und unter der Überschrift »Für Max-Liebermann – Die fehlende Stimme« eine Würdigung seiner Verdienste veröffentlicht.

Es wird still um den noch kurz zuvor so gefeierten Künstler. Er zieht sich in sein Atelier zurück und arbeitet an seinem letzten großen *Selbstbildnis im Malkittel mit Hut, Pinseln und Palette*. Man kann dieses Bild als das Resümee eines 87jährigen Mannes sehen, der in seinem Leben einen langen, geradlinigen Weg gegangen ist, der die Erkenntnisse, die er durch das Studium der Malerei, durch Naturbeobachtung und Literatur gewonnen hat, zum Gegenstand seiner Kunst gemacht und gegen alle Angriffe verteidigt hat. Das Bild spricht nicht die abgrundtief resignierte und lebensmüde Sprache des letzten Interviews, das Liebermann der Journalistin Anita Daniel 1934 gibt und in dem er davon spricht, dass er die neue Welt um sich herum nicht mehr sehen will und seine Tage nur noch mit Hass verbringt. Es zeigt einen Künstler am Ende seines Weges, aber nicht am Endpunkt. Das Bild strahlt das aus, was Liebermann stets von seiner Kunst gefordert hat: Klarheit, Einfachheit, Strenge. Die Farben sind hell, fast transparent. Nichts Düsteres stört das fein abgestufte Zusammenspiel der Töne vom zartgelben Strohhut bis zur leuchtend roten Palette. Der Blick des Malers, unter schweren Lidern, ist direkt, fasst den Betrachter ins Auge, hält ihn fest. Die Kraft, die das Bild ausstrahlt, hält nur

Selbstbildnis im Malkittel mit Hut, Pinseln und Palette
1934, Öl auf Leinwand, 92,1 x 73,3 cm, Tate Gallery, London

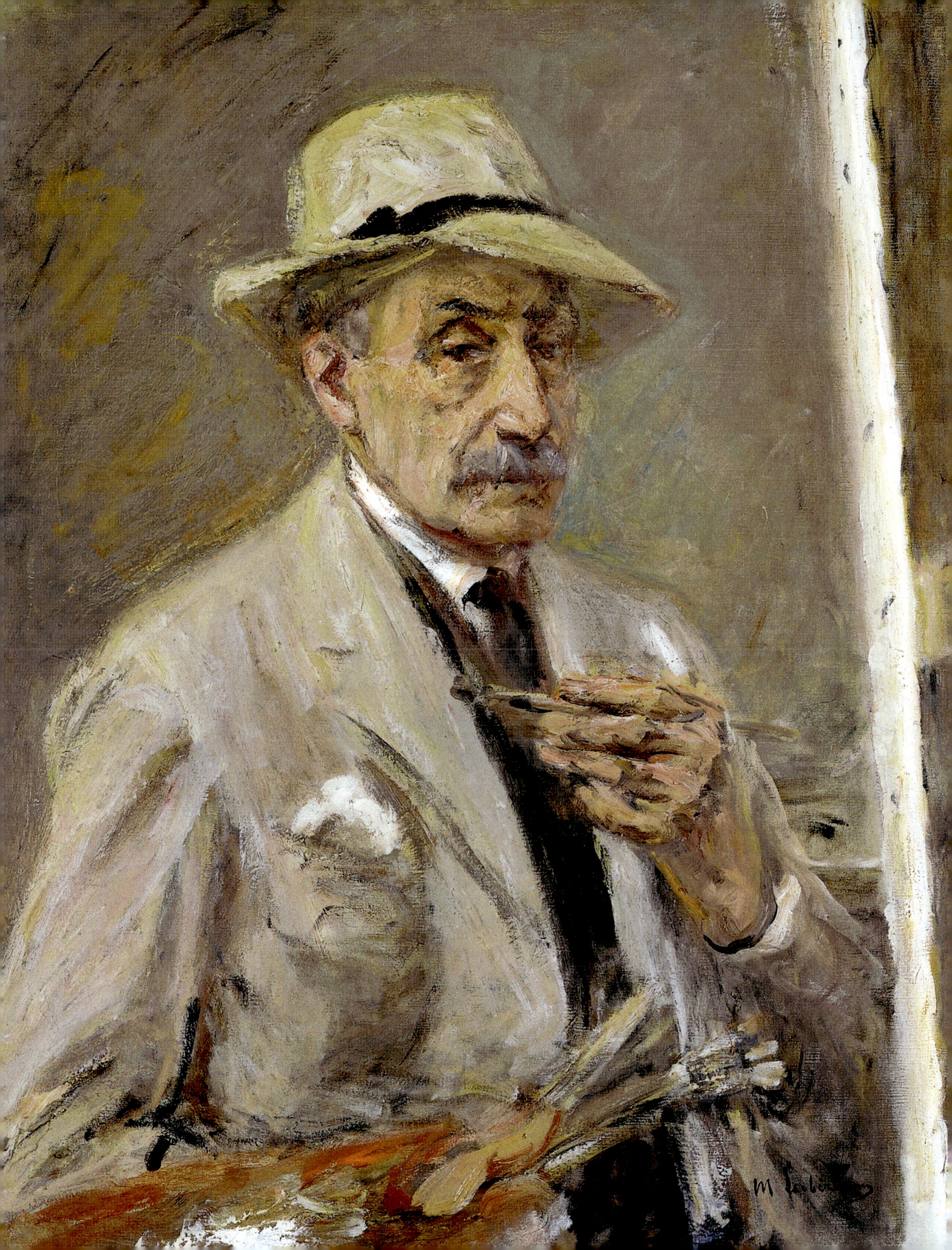

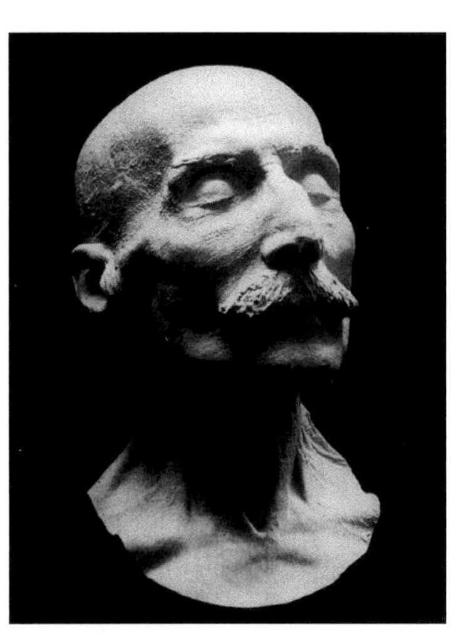

Die Totenmaske Max Liebermanns, abgenommen von Arno Breker am 9. Februar 1935

noch wenige Monate. Am 8. Februar 1935 stirbt Max Liebermann in seinem Haus am Pariser Platz. Auf Wunsch der Witwe nimmt der Bildhauer Arno Breker am nächsten Tag die Totenmaske ab.

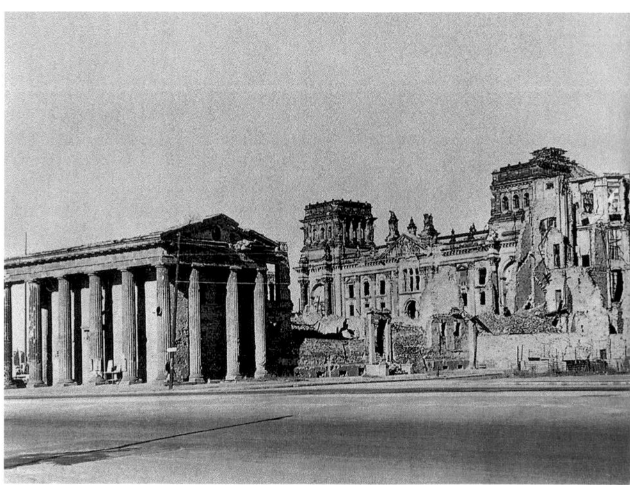

Das zerstörte Palais Liebermann, Frühjahr 1946

Die Beisetzung findet am 11. Februar in der Familiengrabstätte auf dem Jüdischen Friedhof an der Schönhauser Allee statt. Die Trauergemeinde ist klein, gemessen an der Bedeutung des Toten. Es sind nicht einmal 70 Personen, Familienmitglieder, Freunde und Kollegen, die dem Sarg folgen. Ob die Gestapo die Teilnahme verboten hat, wie gelegentlich zu lesen ist, bleibt dahingestellt. Aber die Tatsache, dass kein offizieller Vertreter der Akademie und kein Vertreter der Stadt, deren Ehrenbürger Max Liebermann seit 1927 war, teilnimmt, ist beschämend. Die letzten Worte spricht Karl Scheffler, langjähriger Begleiter und Kenner von Liebermanns Werk: »[...] Und so kommt es, daß wir mit ihm nicht nur einen großen Künstler zu Grabe tragen, sondern eine ganze Zeit. Er war der symbolische Mensch seiner Epoche.«

Dem Menschen Max Liebermann können Judenverfolgung und Entrechtung der nächsten Jahren nichts mehr anhaben. Aber seiner Witwe bleiben die schrittweise Demütigung, die Ausplünderung, Verfolgung und selbst die Androhung des Schlimmsten, der Deportation, nicht erspart. Nachdem sie das Haus am Wannsee unter Zwang weit unter Wert verkaufen musste, das Haus am Pariser Platz wegen des »Judenbanns«, der für das Regierungsviertel gilt, nicht mehr betreten durfte, nachdem sie gezwungen war, zahlreiche Kunstwerke zu verkaufen, um ihren Lebensunterhalt zu bestreiten, vergiftet sie sich am 5. März 1943 im Alter von 86 Jahren mit einer Überdosis Veronal, als sie die Mitteilung über die bevorstehende Deportation erhält. Sie stirbt am 10. März 1943 im Jüdischen Krankenhaus. Alle Bemühungen ihrer 1938 in die USA emigrierten Tochter und deren Familie sowie befreundeter Künstler und Galeristen aus der Schweiz und Schweden können die zu lange hinausgezögerte Emigration nicht mehr ermöglichen. Die vom NS-Staat erhobene

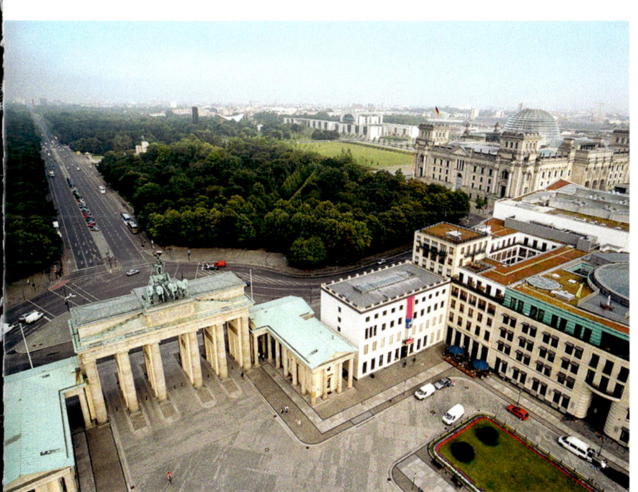

Pariser Platz, Blick Richtung Westen, rechts neben dem Brandenburger Tor das wieder errichtete Palais Liebermann

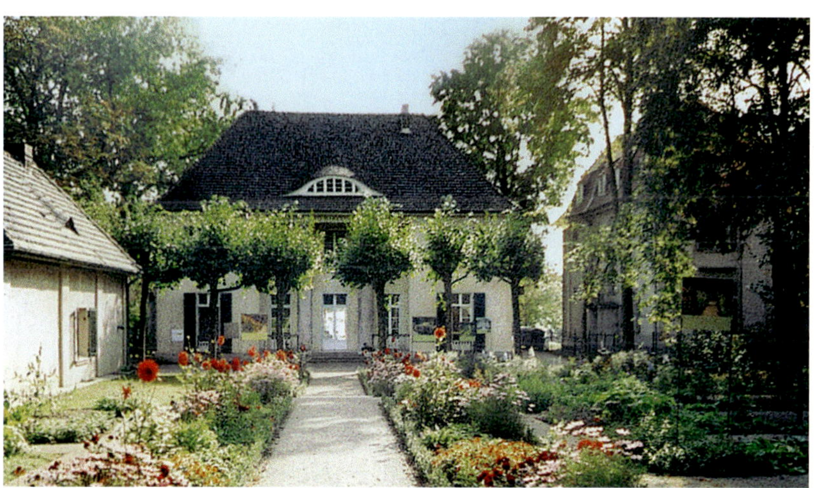

Die Villa am Wannsee, Nutzgarten und Lindenhochhecke, 2003

»Reichsfluchtsteuer« wird im letzten Moment derart erhöht, dass alle Anstrengungen umsonst sind. Die in Berlin verbliebenen Werke ihres Mannes, die Martha nicht im Stich hatte lassen wollen, werden beschlagnahmt und in alle Winde zerstreut. Das Haus am Pariser Platz wird im Krieg völlig zerstört. 1998 erfolgt der Wiederaufbau durch den Architekten Josef Paul Kleihues als »kritische Rekonstruktion« des Vorgängerbaus. Das Haus ist heute unter anderem Sitz der Stiftung Brandenburger Tor und bietet Platz für wechselnde Ausstellungen und Konferenzen.

Die Villa am Wannsee wird zunächst von der Deutschen Reichspost genutzt, später dient sie als Lazarett. Nach Kriegsende gehört das Haus zum Krankenhauskomplex Zehlendorf. Ab Anfang der siebziger Jahre nutzt der Deutsche Unterwasser-Club Haus und Garten. Durch zahlreiche Proteste der Öffentlichkeit, die für die Einrichtung einer Liebermann-Gedenkstätte im Haus eintritt, kommt es nach langem Tauziehen unter Führung der 1995 gegründeten Max-Liebermann-Gesellschaft 2002 zu einer Einigung, in deren Folge Haus und Garten saniert und Stück für Stück für die Öffentlichkeit zugänglich gemacht werden. Das Haus am Wannsee bewahrt nun, knapp achtzig Jahre nach seinem Tod, die Erinnerung an Max Liebermann als einen der bedeutendsten Künstler der Stadt und lässt den Besucher am historischen Ort etwas vom Geist seiner Kunst und von der Atmosphäre ihrer Entstehung spüren.

Literatur (Auswahl)

Paul Eipper, *Ateliergespräche mit Liebermann und Corinth*, München 1971
B. Hedinger, M. Diers, J. Müller (Hrsg.), *Max Liebermann – Die Kunstsammlung*, München 2013
Emil Heilbut (Hermann Helferich), Studie über den Naturalismus und Max Liebermann, in: *Die Kunst für alle,* München, Jg. 2, 1887, Heft 14 und 15, Jg. 12, 1896/97
Max Liebermann, *Das Erste Skizzenbuch*, hrsg. von der Max-Liebermann-Gesellschaft Berlin e.V., Berlin 2000
Max Osborn, *Der bunte Spiegel*, New York 1945
Regina Scheer, *Wir sind die Liebermanns,* Berlin 2008
Karl Scheffler, *Die fetten und die mageren Jahre*, Leipzig/München 1946
Bernd Schmalhausen, *»Ich bin doch nur ein Maler«*, Hildesheim/Zürich/New York 1994
Anna Teut, *Max Liebermann. Gartenparadies am Wannsee*, München/New York 1997

Ausstellungskataloge (chronologisch)

Sondernummer Max Liebermann der Zeitschrift *Kunst und Künstler* anlässlich des 70. Geburtstages, Berlin 1916/17
Max Liebermann, Hundert Werke des Künstlers zu seinem 80. Geburtstag, Preußische Akademie der Künste, mit Einleitung von Max Liebermann, Berlin 1927
Sondernummer Max Liebermann der Zeitschrift *Kunst und Künstler* – »Max Liebermann im Urteil Europas«, Berlin 1926/27
Max Liebermann, Gedächtnisausstellung der jüdischen Gemeinde zu Berlin zur Erinnerung an den Todestag am 8. Februar 1935, mit Vorwort von Franz Landsberger, Berlin 1936
Max Liebermann in seiner Zeit, Ausstellung Nationalgalerie Berlin 1979, Haus der Kunst München 1979/80
Max Liebermann – Jahrhundertwende, Alte Nationalgalerie Berlin 1997
Max Liebermann – Der Realist und die Phantasie, Hamburger Kunsthalle u.a., Hamburg 1997
Im Garten von Max Liebermann, Ausstellung Hamburger Kunsthalle 2004, Alte Nationalgalerie Berlin 2004/2005, Berlin 2004
Die Idee vom Haus im Grünen. Max Liebermann am Wannsee, Liebermann-Villa 2010, Berlin 2010
Liebermanns Gegner. Die Neue Secession in Berlin und der Expressionismus, Liebermann-Haus und Schloss Gottorf 2011, Köln 2011
Max Liebermann. Wegbereiter der Moderne, Bundeskunsthalle u. a. 2011, Köln 2011
Verlorene Schätze. Die Kunstsammlung von Max Liebermann, Liebermann-Villa, Berlin 2013

Zur Druckgraphik

Sigrid Achenbach, *Die Druckgraphik Max Liebermanns*, Heidelberg 1974 (Diss.)
Max J. Friedländer, *Max Liebermanns graphische Kunst*, Dresden 1920, 1922
Gustav Schiefler, *Max Liebermann, Sein Graphisches Werk*, Berlin 1907, 1914, 1923, San Francisco 1991

Monographien

Günter Busch, *Max Liebermann, Maler, Zeichner, Graphiker*, Frankfurt a.M. 1986
Max. J. Friedländer, *Max Liebermann*, Berlin o.J. [1924]
Julius Elias, *Max Liebermann, eine Bibliographie*, Berlin 1917
Erich Hancke, *Max Liebermann, Sein Leben und seine Werke*, Berlin 1914, 1923
Günter Meissner, *Max Liebermann*, Leipzig 1974, 1998
Gustav Pauli, *Max Liebermann*, Stuttgart/Leipzig 1911, 1922
Hans Ostwald, *Das Liebermann-Buch*, Berlin 1930
Hans Rosenhagen, *Max Liebermann*, Bielefeld/Leipzig 1900, 1927
Karl Scheffler, *Max Liebermann*, München/Leipzig 1906, 1912, 1922, Wiesbaden 1953

Schriften und Selbstzeugnisse

Max Liebermann, *Die Phantasie in der Malerei, Schriften und Reden*, hrsg. u. eingeleitet von Günter Busch, Frankfurt a. M. 1978
Max Liebermann, *Gesammelte Schriften*, Berlin 1922
Max Liebermann, *Siebzig Briefe*, hrsg. von Franz Landsberger, Berlin 1937 (neu hrsg. von E. V. Braun, Stuttgart 1994)

Werkverzeichnis

Matthias Eberle, *Max Liebermann, Werkverzeichnis der Gemälde und Ölstudien*, Bd. 1 1865–1899, München 1995, Bd. 2 1900–1935, München 1996

Verzeichnis der abgebildeten Werke

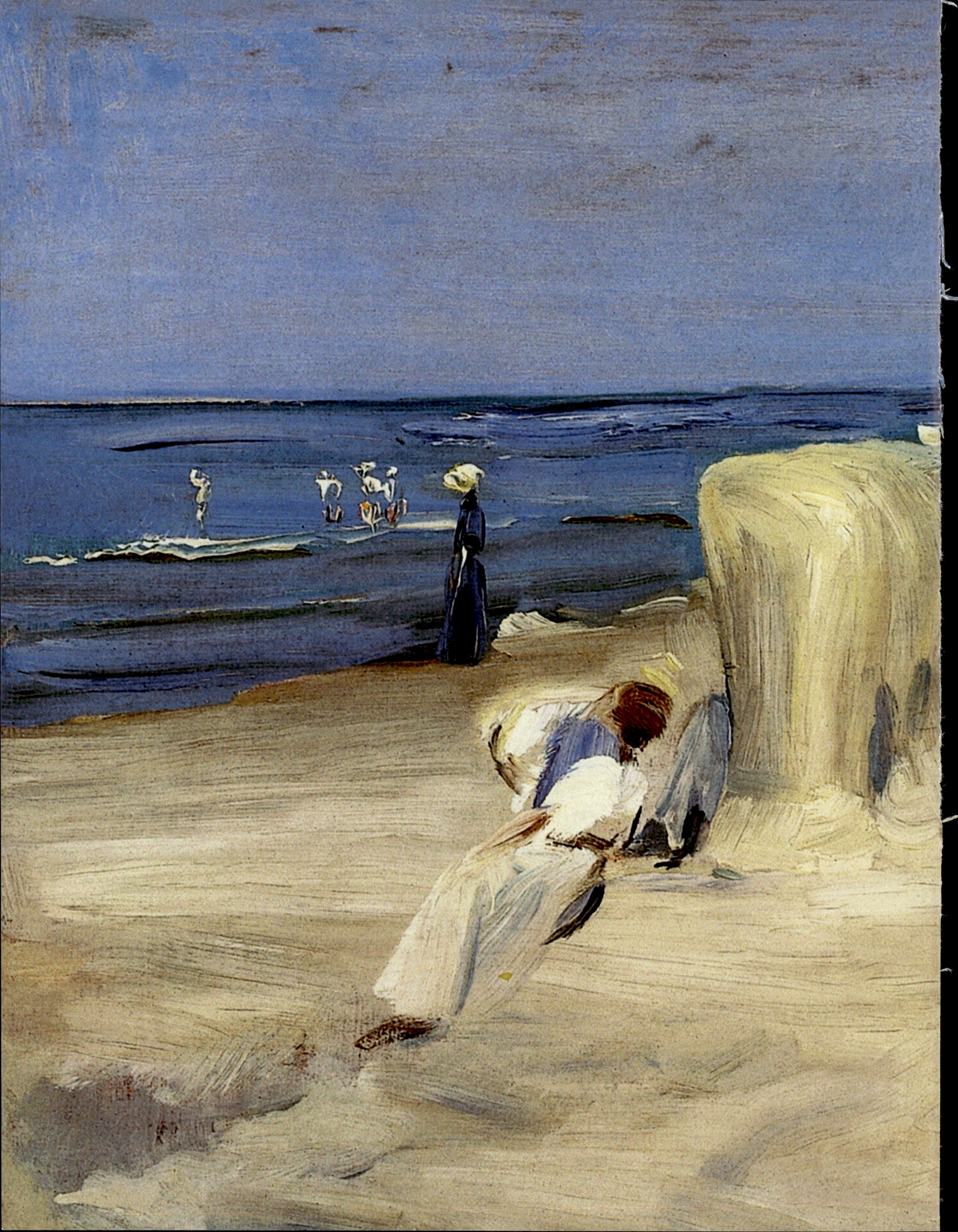